NO QUIERO MORIR PRONTO

NO QUIERO MORIR PRONTO

KID CAMARGO

Valparaíso
EDICIONES

Número 513 de la Colección VALPARAÍSO DE POESÍA
dirigida por FEDERICO DÍAZ-GRANADOS

Diseño de colección y portada: Chari Nogales
Maquetación: Carlos Henson

Primera edición: septiembre de 2025

© De los poemas: Kid Camargo
© Imagen de portada: elf911

© Valparaíso Ediciones
  C/ Fray Leopoldo, 7 bajo, 18014 Granada
  www.valparaisoediciones.es

  ISBN: 979-13-87538-69-9
  Depósito Legal: GR 1221-2025

  Impreso en España - *Printed in Spain*
  Gráficas Gami

NO QUIERO MORIR PRONTO

Poemas e historias cortas

A quienes siempre nos quedamos con algo más que decir.

Ojalá que nos alcance la vida
para aprender a deshacernos de todo.

Ninguna palabra vale la jaula.

NOTAS SOBRE EL AMOR (I)

Él devora su platillo como si fuera la primera vez
que sus labios tocan comida y creo que nunca he visto
nada más hermoso. No sé cómo terminamos en este
restaurante ni a dónde nos dirigimos después, pero
seguiría el calor de su cuerpo por cualquier camino.
Supongo que este amor es un gusto adquirido.
Lo que quiero decir es que no encontré ningún futuro
conmigo en el reflejo de sus ojos y, aún así, decidí
quedarme. Es mi calamidad más grande. Él no está
familiarizado con la pequeña muerte que sucede
dentro de mí cuando me llama buena amiga
y no lo culpo por eso. Pero tampoco puedo irme.
A cambio, levanto un bolígrafo cada vez su rostro
no me deja dormir. Escribir sobre él comenzó
como diálisis, una forma de despachar al corazón
de sus sentimientos perniciosos, pero el anhelo
solo se hizo cada vez más grande, como un
sarpullido que no se debe rascar. Regresé a tener
catorce años, pensándome mágica, escribiendo
el nombre de un chico en los márgenes de mi libreta,
punteando las ies con corazones y deseando que eso
sea suficiente encantamiento para cegarlo con
reciprocidad. Imaginando que algún día él despertará
en una pequeña habitación de esta ciudad infernal y
yo seré la primera cosa que sus ojos busquen en
la bruma azul de la madrugada. *¿Qué estabas soñando?*

PERDITA

Mayo llega como la sofocante promesa
de que el tiempo no se detiene y he estado despertando
mucho antes de que la alarma suene y agregue
una capa más de desesperación a la oscuridad
de mi habitación. no me encontrarás haciendo nada
extraordinario. me quedo en cama, frotando
mis párpados con mis dedos medios, esperando que
esta gentil caricia sea suficiente ofrenda de paz
para mis ojos desleales
que ven tu silueta en todos los espacios que
ya no habitas. no sé qué hacer conmigo. en cada
rincón, en cada gabinete y cada grieta, dentro de
cada tazón, bolsa y caja, encuentro fragmentos
afilados de nuestras memorias que me hacen
sangrar las manos al tocarlos y algunas mañanas
pienso en beber una mezcla clorhídrica de
limpiadores domésticos para expiar
mi cuerpo del amor que aún te tengo. no puedo
ponerlo en palabras más simples: la peor cosa
que me hiciste es no darme instrucciones
para sobrevivir al dolor de verte partir.

PRELUDIO DE DEVASTACIÓN

Quizás el viejo borracho de la esquina tiene razón:
la lluvia de este año es agua mala, con ganas de hacer
daño. Debo subir todo el volumen del televisor
para lograr escuchar algo sobre el pesado repiqueteo
de las gotas sobre las latas del techo. Las noticias
son un desfile de caras sufrientes, todas víctimas de
la implacable temporada lluviosa. Casas hundidas.
Cosechas perdidas. Mascotas abandonadas. El petricor
pierde su encanto cuando se convierte en un preludio
de devastación. La galería de mi teléfono está llena
de evidencia fotográfica de inconvenientes climáticos
que mis amigos reportan desde sus ubicaciones
geográficas. Caños desbordados. Lentas líneas de tráfico.
Pantalones y zapatos empapados. No hay compasión
alrededor. Tenemos que seguir con el día como si el planeta
no estuviera convulsionado a nuestros pies, su lengua
tornándose azul por la falta de oxígeno. Tengo que luchar
contra el impulso de enviar un mensaje cínico
a nuestro chat grupal, algo sobre cómo estamos más cerca
de la muerte que de la estabilidad financiera. Me digo
que otras personas lo están pasando peor y esas palabras
me astillan el cielo de la boca. Ese optimismo vacío
me vuelve cruel y cobarde y no tengo tiempo para eso.
Debo atarme los zapatos y subirme la cremallera del abrigo,
enfrentar el diluvio y llegar a la oficina. Intento poner
algo de música, pero todas las canciones
que he estado escuchando son tristes. Qué más.

Quién sigue. Por cuánto tiempo. Cómo dejas de
odiar al mundo por morir cuando ni siquiera
es su culpa.

CASITA DE HORRORES

como cuando despierto con un calambre
pulverizando mi pantorrilla / y esa semana en la que
mi lengua sabía a tierra y la ropa no me quedaba
y encontré lágrimas en mis mejillas después
de haber soñado contigo / mi cuerpo vehemente /
estoy furiosa la mayor parte del tiempo / me lo tomo todo
demasiado personal / me dan punzadas de dolor
espontáneas y recuerdo que crezco y muero
todos los días un poco más / mi cuerpo
inquietante / su decadencia silenciosa / mis huesos
pesan más en las mañanas / cuando el latido de mi
corazón es el único sonido en mi habitación / anunciando
que el final no para de acercarse / cosecho los pensamientos
más tristes / mi cuerpo abrumador / la forma en que
anhela ser tocado / esos días límites en que ninguna
posición es cómoda y ningún espejo es gentil y preferiría
sacarme los ojos con un picahielos que pasar otra noche
a solas / odio ser un maldito cliché / pero se me hace
muy fácil hurgar mis propias heridas en estas noches
heladas de octubre / mi cuerpo sangrante / más cerca
de escena del crimen que de templo / rojo por todas partes /
goteando por mis piernas / tiñendo mis labios
agrietados / tornándose violeta bajo mi piel / mi pobre
cuerpo inocente / conoce muy bien el lenguaje
de la violencia / y a veces se convierte en una casita
de horrores / pero no lo resiento por eso /
es su forma de recordarme que sigo siendo humana /

EXONERACIÓN

los árboles de flores rosadas / los tatuajes
de la persona que se sienta a mi lado en el
autobús / un hombre silbando en una canción
de amor / la forma en que el lado derecho
de mi cuerpo se pone rígido cuando
me estreso / una bandada de palomas
negras en vuelo coordinado a través del
cielo de verano / las palabras que siempre
llegan / el hambre / el anhelo / la risa de mis
amigas / los saludos gentiles de niños pequeños
en la calle / la poesía está en todas partes /
ofreciéndoseme / como un dios benevolente /
que besa mi frente y ruega por mi perdón /

ABRIL, COMO EL MES

Tarde o temprano, todos encontramos la forma de rechazar al mundo. Una vez, tuve una amiga que no hablaba. Mejor dicho, ella podía hablar, pero decidía no hacerlo. Su nombre era Abril, como el mes. Como un billete de diez dólares escondido en el bolsillo de una chaqueta de segunda mano. Abril nunca contestaba cuando las maestras le hacían preguntas, apuntaba a las cosas con el dedo cuando las necesitaba y sacaba la lengua para defenderse de los niños que tomaban la diferencia como una oportunidad para la crueldad. Espero que puedas entender mi fascinación. En clase, nos pasábamos notas y ella se reía de mis chistes tontos, y algunas veces susurraba, pero solo cuando era una emergencia. Como cuando íbamos a la cafetería y me pedía que le comprara algo. Abril se inclinaba hacia mí, y los abalorios al final de sus trenzas tintineaban, y su aroma a vainilla trepaba por mi nariz, y me susurraba al oído la merienda que quería, lento y claro para no tener que repetirla. Yo asentía y me colocaba en la fila con su dinero en mis manos y un montón de preguntas agitándose en mi pecho. Siempre quise saber más sobre Abril, pero mi curiosidad se perdió en su silencio. Yo me perdí en su silencio. Había un espacio vacío entre nosotras que tuve que completar por mi cuenta. Sabía que su color favorito era el rosa e imaginé que era porque le recordaba a la sonrisa gingival de su madre. Sabía que tenía una hermana e imaginé que eran capaces de comunicarse con solo darse las manos. Imaginé que Abril llevaba un secreto gigantesco dentro de ella. Algo desconcertante, como santos llorando sangre. Imaginé que ella mantenía sus palabras guardadas en su vientre porque debían ser lo suficientemente poderosas para hacer que las nubes se pusieran verdes y me gustaba ir a la escuela. Es especial ser escogida por alguien especial. Eran mis chistes los que la hacían reír y mis oídos los que recibían sus susurros. Iba a ser yo quien estaría a su lado el día en que ella decidiera abrir su boca y sorprender a todos. No he tenido noticias de Abril desde que se cambió de escuela, pero aún pienso en ella. Aún la extraño. A veces, sueño que estamos de vuelta en nuestro salón de clases y nos estamos mirando. Su cara es un borrón, pero creo que está sonriendo y yo estoy sentada en silencio. No le hago preguntas ni intento imaginar su historia. No me martirizan las cosas que quiere decirme y decide no hacerlo. En mis sueños, solo somos nosotras dos, pretendiendo que el resto del mundo aún está por crearse.

«¿ME ESCRIBIRÁS ALGO BONITO?» (I)

Su cabello caramelo brilla bajo la suave luz amarilla
de las linternas del patio y espero que nadie me note
mordiendo mi labio inferior cuando él habla. Espero
que nadie note las breves miradas que él me dedica
justo antes de que sus ojos caigan pesados con orgullo
por haber contado un chiste que hizo reír a todos
nuestros amigos. La noche en que nos conocimos,
me dijo que quería encapsular mi risa y llevársela a casa
para curar a las plantas de su apartamento que se negaban
a mantenerse vivas. No supe qué contestar a eso, pero
en algún rincón desenfrenado de mi mente, comencé
a redactar este poema. Soy la cosa más fácil de conseguir
y ese es mi defecto de carácter más vergonzoso. Lo digo
en serio, como que nunca olvidaré la forma
en que se iluminó su rostro cuando le dije que era
escritora. Él no hizo ninguna pregunta estúpida
sobre cuánto he publicado, o en qué estoy
trabajando, o cuál es mi ocupación real. Solo asintió
y dijo que tenía mucho sentido para él. Yo me recliné
en mi silla y me rendí ante la certeza que escaló por
mi espina dorsal y erizó la piel de mi nuca. Le daría
todo lo que pidiera. Mi tiempo. Mi risa. Mis palabras.

SESIÓN DE TERAPIA

I

El psicólogo comienza la sesión con el aviso de que haremos algo más dinámico para la hora que tenemos juntos. Algo más como un juego de trivia que una conversación profunda sobre temas complejos. Yo asiento con la cabeza y le digo que estoy de acuerdo con el plan, pero inmediatamente pongo un pie afuera de la puerta. Él no lo sabe porque todo esto está sucediendo en una sala de reunión virtual y estoy muy agradecida por eso. No me gustaría romperle el corazón.

Él es un hombre agradable. Tiene una gran sonrisa dentuda, una voz delicada y un aspecto general de haber alcanzado una vida que no es un agobio de experimentar. Sus gatas a veces se acuestan a dormir en los estantes que decoran la pared detrás de él y olvido por un momento que debo pagarle para que me escuche hablar. Estoy segura de que habríamos sido buenos amigos que hablan sobre grandes libros y las noticias si nos hubiésemos conocido en otras circunstancias, pero una vez que lo veo anotar algo que dije en su libreta, comienzo a pensar en él como un merodeador que hace rondas por los altísimos muros de mi castillo para encontrar la grieta en el concreto que lo dejará entrar.

No me gusta la terapia. Entiendo sus métodos y su eficacia, pero no puedo encontrar la forma de sentirme cómoda en el despacho de un psicólogo. No disfruto hablar, y mucho menos si es sobre mí misma. Es la razón por la que soy escritora. Es más fácil contarle las cosas a una cuartilla de papel que no se cansa, que no protesta, que no juzga, que no debate. No le he dicho nada de esto al psicólogo, pero probablemente ya lo sabe. Es evidente en mi proclive a usar la menor cantidad de palabras para contestar sus preguntas. Es por eso que propone jueguitos de trivia, para ponerme en marcha.

—Quiero que me digas cómo le explicarías las emociones a un alienígena —él comienza.

Tengo una respuesta como una bala en la recámara de mi boca, lista para ser disparada, pero hago una pequeña pausa. No quiero darle la falsa impresión de que esta técnica está funcionando y de que estoy entusiasmada. Miro hacia la ventana con las persianas sucias. Dejo salir un arrullo pensativo.

—¿Es una reacción química en el cerebro? —pregunto de vuelta.

—¡Genial, muy bien! —me felicita —. Me diste la respuesta que quería escuchar.

No estoy particularmente orgullosa del cumplido, pero le agradezco de todo modos. Le pago con una tímida sonrisa y él continúa con una breve explicación científica de las emociones. Lo que realmente son. *Reacciones psicológicas y corporales que nos permiten reconocer y adaptarnos a los estímulos de nuestro entorno. Importantes para aprender, para interactuar, para protegernos, para impulsarnos a actuar* y otras cosas más. No lo sé. Me desconecto de su monólogo hasta que regresamos a las preguntas de trivia. Nombrar tantas emociones como pueda en un minuto. Asignarles colores. Distinguir entre las simples y las complejas. Asociarlas con una parte del cuerpo.

—¿Qué? —espeto.

—Pasemos a asociarlas con una parte del cuerpo —él repite—. Quiero que me digas dónde sientes la soledad, por ejemplo.

—¿La soledad es una emoción?

—Sí —él reprime una risilla —. ¿Qué pensabas que era?

—No sé, algo como... —miro alrededor de la habitación

buscando algo que decir —. ¿Un estado civil? Un hecho, quiero decir.

—Muy bien, interesante —él contesta, tomando una nota —. Ahora que sabes que es una emoción, quiero que recuerdes la última vez que te sentiste sola y me digas dónde se ubicó la sensación en el cuerpo.

Hago otra pausa reflexiva y es genuina esta vez. La soledad me visita a menudo, pero no la había considerado como algo que le sucede a mi cuerpo. Preferiría decir que sucede alrededor de mi cuerpo, como una jaula. O una gran cubeta que coloco sobre mi cabeza al despertar, antes de continuar con el día.

—En todo el cuerpo, ¿supongo?

—¿Supones o sabes?

—Creo que no le he prestado mucha atención.

—Está bien —me asegura mientras sigue tomando sus notitas —. ¿Puedes decirme la diferencia entre placer y satisfacción?

De la terapia también odio sentir que mis respuestas son equivocadas o insuficientes. Lo noté desde la primera vez que me senté cara a cara con un psicólogo. Si alguna interacción me deja el mínimo mal sabor en la boca, levanto muros más altos. Preparo un contraataque. Me aseguro de que mi siguiente respuesta sea más intrincada y provocativa. Algo que dé la impresión de una mente brillante y un poco de introspección.

—El otro día se metió una mosca en mi habitación —le digo —. Y andaba volando como una desquiciada por todo el cuarto.

Agrego otra pausa, esta vez para efecto dramático. Mantengo mis ojos sobre la imagen del psicólogo en la pantalla. Quiero ver si hay algún signo de confusión en su cara, pero él está inmovil mirando su libreta, con el bolígrafo listo para escribir.

—Bien, continúa —él dice.

—Fue muy molesto. La mosca dio vueltas y vueltas, como si

estuviera ganando velocidad, y después se estrelló contra mi espejo. El golpe sonó bastante fuerte para un ser tan pequeño y, después de eso, hubo un pequeño momento de silencio antes de que empezara a zumbar en círculos de nuevo y repitiera lo que acababa de hacer.

Dejo de hablar de nuevo y el psicólogo continúa inmovil. Congelado en la pantalla. Coloco el cursor sobre el ícono del Wi-Fi para descartar que sea mi conexión y todo parece correr sin problemas. *Red conectada. Acceso a internet.* Mi mirada regresa al psicólogo y atrapo los últimos segundos de un ligero fruncido de cejas. Me siento orgullosa y frustrada en partes iguales. Me complace saber que dije algo que despertó su curiosidad, pero odio no poder cuestionarlo al respecto. Es la tercera cosa que odio de la terapia: no poder hacer un contrainterrogatorio.

—Yo solo me quede en cama siguiéndola con la mirada —continúo —. Y comencé a pensar en lo tonta que me parecía. En lo diferente que éramos. Yo tengo la capacidad cognitiva para no quedarme atrapada en ese bucle sin sentido, pero la mosca... Creo que eso me dio satisfacción. Después me levanté de la cama y abrí la puerta para espantarla. Placer fue el alivio que sentí cuando salió y no escuché más sus zumbidos.

— Interesante —es lo único que el psicólogo dice.

Esta vez es él quien hace una pausa reflexiva y toma largas notas en su libreta. Yo espero en silencio su retroalimentación. Con cada segundo que pasa, pierdo confianza en mi respuesta y comienzo a hundirme en mi silla. Quizás esta historia maltrecha de la mosca no sonó tan inteligente como esperaba. Quizás solo fue críptica y artificiosa. Quizás revelé algo horrible sobre mí misma sin siquiera darme cuenta.

— Estamos cerca de terminar, nos quedan solo unos minutos —él dice —. ¿Te importa si lo dejamos acá y retomamos la próxima vez?

Acepto su propuesta a pesar de que no parece buena idea dejar todo lo que dije flotando en el vacío. Nos despedimos y espero a que él abandone la reunión y me deje sola en la oscuridad aislada de la sala virtual. Mi propio agujero negro lleno de remordimiento. Miro mi reflejo en la pantalla. Repaso cada palabra e intento ponerme en los zapatos de él. *¿Qué pensaría de mí misma si escuchara la historia de la mosca?*

Cierro la computadora de golpe.

No más de estos juegos estúpidos. Seré más honesta la próxima vez.

II

Le contaré al psicólogo sobre la cantidad abismal de tiempo que paso encerrada en mi propia cabeza. Le explicaré que he transformado mi mente en un prado desolado interminable que alberga todos los fragmentos de quien soy. Todo lo que he aprendido, todas mis memorias y mis ideas, todas las cosas que he soñado y he creado. Todo se extiende sobre el césped sin orden ni cuidado, y prefiero esconderme en medio de ese caos que enfrentar la realidad ardiente.

Y no creo que se me pueda culpar. La mayoría de personas que conozco están teniendo dificultad para salir de la cama. El mundo está muriendo y nos está arrastrando con él, y conlleva mucha energía hacer frente con algo de gracia. Todos estamos buscando formas de sobrellevarlo y yo tengo mi mente como otras personas tienen el gimnasio o religiones de la Nueva Era. O drogas. O el flujo interminable de contenido de la Internet. El psicólogo los llamó comportamientos adormecedores una vez y lo dijo con un poco de resentimiento en su voz, como si fuera un estorbo en su carrera profesional, un destemple al que no logra encontrarle paliativos.

Es difícil ver la falla en estos anestesiadores modernos cuando te mantienen cautiva. Mi mente es el lugar más especial que conozco. Mayormente silenciosa, pero nunca aburrida. Siempre hay alguna idea que hilar, algún concepto con el qué pintar el cielo. Es donde tengo tiempo para crear y espacio para experimentar, donde me hago preguntas y no juzgo mis respuestas. Lejos del mundo real, me sirve como una extraña forma de protección. Permanezco intocada por el conflicto, invisible al ruido. Me da poder sobre mí misma, como si me fuera posible desmenuzarme hasta la última fibra, hasta que cada parte de mí quede expuesta y sea entendida. Como si pudiera convertir mi existencia en hermosa mitología, en un texto procedimental que revela y explica todo lo que soy. Todas mis causas y efectos en una guía estructurada que me hace tenerme menos miedo. Que me ofrece la ilusión de que puedo conocerme hasta la médula y mantener mi historia bajo control.

Caigo en la intelectualización sin siquiera cuestionarlo. Pensar siempre me dio más recompensas que sentir. Mis ideas y mis palabras han sido elogiadas. Mis amigos vienen a mi cuando necesitan escuchar algo sensato. Pensar es la llave maestra que me ha abierto las puertas con las respuestas ganadoras mientras que sentir ha hecho que se me quiebre la voz cuando hablo frente a muchas personas. A menudo tengo cambios de humor que me arruinan los días y le digo a la gente que no lloro porque soy Virgo, pero realmente no creo en la astrología. Solo soy una escapista muy talentosa. Odio el nudo en la garganta, el pecho apretado y los ojos hinchados a la mañana siguiente, y me ofreceré cualquier distracción para evadir el sufrimiento.

Estoy acostumbrada a huir de los sentires. Solo me siento cómoda llorando frente a una película o un buen libro. Una mujer en un anuncio de Internet me preguntó si le podía brindar un minuto de mi tiempo para que ella me enseñara a decir «Estoy Enojada» en francés y lo salté tan pronto como pude. Me cuesta permitirme esas gentilezas. Si alguna emoción germina como un árbol torcido en mi prado, cavo una zanja a su alrededor antes de que puedan seguir creciendo. No descanso hasta topar con sus raíces y examinar cada una con mis propias manos. Es lo que sé hacer bien. Me explico de dónde vienen y por qué sucede. Desarmo la emoción con lógica antes de que dé fruto y nadie puede decirme que estoy haciendo algo mal en la soledad de mi mente.

Da la impresión contraria, de hecho. Me hace parecer irrompible a los ojos de los demás. La gente me lo dice todo el tiempo. Soy como un confiable dique de hormigón que refrena las aguas más turbulentas. Pero mi aparente estabilidad es un fraude, algo más cerca de parálisis que de imperturbabilidad. En mi prado solitario nadie se da cuenta de que cuando acabo con la raíz, no salgo del hoyo. Lo confundo con una fosa sepulcral y me quedo y me quedo y me quedo. Ni siquiera sé cómo logro levantarme del hoyo y esa es la parte que más me aterra. Es como tener pequeños brotes de amnesia que te escudan de la agitación. Lo siguiente que sé es que estoy de vuelta en el prado, caminando por allí, buscando algún sedativo con qué pasar el tiempo.

Nunca antes había tenido problema con esta enajenación, pero mis brazos se están cansando de sostener mi escudo en alto. Quizás no soy tan lista como creo, quizás me estoy perdiendo de algo. Quiero decir, ¿de qué me sirve encontrar la raíz si no puedo salir del hoyo? No quiero gastar mi vida en una fosa de entumecimiento. Seré más honesta con el psicólogo la próxima vez. No más juegos estúpidos. De nada me sirve admitir que no estoy bien y no hacer nada al respecto.

HOMBRE DE LA INTERNET (I)

dice que no podía entender por qué la chica no se apartó / por qué no giró su rostro / por qué no empujó a su *supuesto agresor* lejos de ella / pausé el video y lo retrocedí para escucharlo de nuevo / y otra vez / y una vez más / y debo admitir que es un poco gracioso / quiero decir / la semana pasada él predicaba con *data verificable* que las mujeres son de hecho el sexo débil / la especie vulnerable / el lado en desventaja / pero hoy / parece que esa historia no es funcional a sus propósitos / por hoy / él inventa un mito de terreno justo / una competencia en la que hubo igualdad de oportunidades ganadoras / y el premio fue el cuerpo de una mujer / acaso no es gracioso / quiero decir / Hombre de la Internet escucha a una mujer haciendo un recuento detallado de su propio registro de dolor / de la noche en que un extraño le hizo cosas que ella mantiene enterradas en las oscuras trincheras de su vientre / cosas que son peores que la misma muerte / y la primera pregunta que él hace es quién realmente es la víctima / qué / quiero decir / no es gracioso en lo absoluto / quiero decir / no es como que Hombre de la Internet sea incapaz de sentir empatía / siempre es rápido en saltar al frente en defensa de cualquier otro hombre que sea acusado públicamente de algo horrible / recordándole a la gente de la presunción de la inocencia / y que las mujeres mienten / y que no existen los tipos malos / solo caballeros incomprendidos que fueron puestos en situaciones adversas / donde quizás hubo mucho alcohol o faldas cortas o una chica demasiado coqueta / *y los chicos serán chicos* / y no lo sé / quiero decir / quizás Hombre de la Internet ve demasiado de sí mismo en las acciones de esos hombres cuestionables / o quizás no ha tenido que estar del lado perdedor de esta historia / no es personal aún / no ha temido por la autonomia de su propio cuerpo / ni ha estado alrededor de los restos de un cuerpo carcomido / intentando reensamblar los pedazos con sus propias manos temblorosas / no ha entrado a una habitación exigiendo justicia y visto a la gente voltear su rostro con una mueca de disgusto / como si un mal olor acabara de invadir la habitación / y esto es extenuante / quiero decir / esto no es nada nuevo / la misma antigua bala que nos ha perseguido desde el principio de los tiempos / la inhabilidad masculina de ver a las mujeres como personas / no como objetos para su servicio / ni juguetes sexuales / ni inferiores ni incapaces ni controlables / ni histéricas ni exageradas ni demoníacas ni desesperadas / ni invencibles ni indefensas / ni hermanas ni amigas ni madres ni hijas / ni putas ni santas / solo humanas / primero humanas / quiero decir / cómo nos movemos hacia adelante si aún debemos suplicar por decencia básica /

POEMA DE CUMPLEAÑOS

Cuando digo que estoy triste, quiero decir que:

tengo que buscar tutoriales de cómo salir de la cama / mi cuerpo se desarma en una colección de partes, todas queriendo moverse en distintas direcciones / evito mis propios ojos cuando me miro en el espejo / intento hablar con Dios en la ducha / me pongo la ropa al revés y no la arreglo cuando me doy cuenta / debo resistir el impulso de botar mis platos de comida a la basura / llevo cuatro meses atascada en el mismo libro / olvidé cómo hacerme reír / solo escucho música de hace una década / no puedo encontrar razones para celebrar mi cumpleaños / pienso en mi padre muerto todo el tiempo / estoy convencida de que me van a despedir de mi trabajo, a pesar de que no he hecho nada malo / me comunico en monosílabos / pierdo mi propósito varias veces al día / estoy al tanto de las noticias / no me molesta que uno de mis audífonos suene más bajo que el otro / deseo que alguien me lleve en largos viajes por carreteras solitarias cuando las noches están brumosas / quiero tirar mi teléfono por la alcantarilla / nadie me espera en casa para preguntarme cómo estuvo mi día / quiero encerrarme en mi habitación y probar cuánto tiempo puedo pasar sin hablar con ningún otro ser humano / imagino que me llamas y pretendemos que tenemos diecisiete otra vez / temo irme a dormir porque significa que en algún momento tendré que despertar y repetirlo todo.

HE SOÑADO CON NOSOTROS,

quitando hojas sobrecrecidas de nuestro camino
al andar por el sendero de un quieto bosque.
Nuestros zapatos están rasguñados y nuestras ropas
están empapadas de sudor y lluvia. Estamos cansados.
Voceamos ocasionales lamentos desesperados sobre
cómo el bosque parece expandirse con cada paso
que damos, pretendiendo que esto no es una tragedia
de nuestra propia creación. Lo que quiero decir es que
nos he visto girando en la dirección opuesta cada vez
que estamos cerca del límite del bosque, siguiendo
nuestras propias huellas de vuelta a la penumbra.
Es más fácil así para los dos. Sigo caminando
detrás de ti, y tú sigues caminando frente a mí,
enumerando las razones por las que las abejas son
mejores que los pájaros. O algo así. No estoy
escuchando. Estoy caminando, captando destellos
de tu silueta entre los bordes de estas hojas indóciles.
Con el olor a musgo húmedo y el frío que empaña
tu aliento, puedo convertirte en una película. Tú,
mirando hacia atrás de vez en cuando, el protagonista
que no sabe usar sus buenas intenciones. Yo, la tonta
que ha estado escribiendo esta historia por demasiado
tiempo. Si me prestaras algo más de atención, la leerías
por todo mi cuerpo. Como cuando presiono las palmas
de mis manos contra mis mejillas para darles la forma
de tus hombros. Camino deseando que algún árbol
se desplome frente a nosotros y nos obligue a tomar un
descanso en su tronco derrotado. Podríamos sentarnos

lado a lado, y yo podría apoyar mi cabeza sobre
tu hombro y dejar que se encaje como una hoja
que desciende desde una rama alta, flotando en zigzag
hasta encontrar un lugar sobre el suelo. Un nuevo
hogar. Un nuevo lecho de muerte. Y nadie está allí
para mirarla caer. No te darás cuenta. Será suave
y natural. Sigo deseando. Estamos cansados. Estamos
sin aliento, intentando no resbalar con la tierra suelta
bajo nuestros pies. Cuando perdemos el balance,
los jadeos se convierten en risas y pienso que tal vez
esto podría ser amor. Tal vez podrías confundir
mis manos con el propósito por el que has estado
rezando. No puedo darte instrucciones sobre cómo
hacer las paces con el mundo, pero puedo ofrecerte
refugio, un lugar para esperar hasta que la lluvia
escampe. Sigo esperando el momento en que decidas
que eso es suficiente. Pero este sueño nunca avanza.
Nunca dejamos de actuar. Nunca salimos de las
sombras frondosas. Nunca corremos el riesgo de
mirarnos a plena luz del día y dejar que nuestros
cuerpos sucumban a la sinceridad. El miedo es
la mano invisible que nos jala hacia adelante del cuello
de nuestras chaquetas para que no paremos
de caminar. El bosque nos traga una y otra vez y
hay cosas que no hemos dicho, pero que ambos
sabemos. Tú temes que me arranque el corazón del
pecho y te lo entregue, y yo temo lo que tus manos
harían con él si me atreviera a hacerlo. Tenemos tanto
miedo de la conversación atascada en nuestras
gargantas que preferimos quedarnos en esta rutina
de miseria, estando cerca y lejos al mismo tiempo.
Estamos cansados, pero es más fácil seguir caminando.

SEIS MESES DESPUÉS

Este trabajo corporativo me trata bien, pero
todavía hay algo que jala las comisuras de mi boca
hacia abajo cuando nadie me mira. Uso muchos
minutos de mi tiempo productivo en mirar
los cables anudados en forma de libélulas
que cuelgan del televisor empotrado en la pared
frente a mi escritorio. Diez años atrás,
habría tenido el coraje suficiente para creer que
podría darles vida. Algo como un rastro de
pólvora: yo chasquearía mis dedos y una bola
de luz blanca cegadora comenzaría a ascender
por los extremos de los cables hasta llegar
a los nudos, y de entre las chispas emergerían
unas libélulas de gran tamaño que se posarían
sobre el monitor de mi computadora, esperando
que yo las bautice como propósito. Extraño
la versión de mí que existía antes de que
la adultez comenzara a sentarse en mi jardín,
la que no tenía miedo de doblar al mundo entero
y guardarlo en su bolsillo. Hoy, mi jardín
está lleno de sueños que yacen marchitos
sobre el césped. Hoy necesito una mano que
guíe la mía. Estoy tratando de no convertirme
en tristeza tallada en piedra, pero estoy exhausta.
Apenas tengo tiempo para escribir y las palabras
duelen como empujar mi propia carne a través
de una trituradora de papel. A menudo
me preguntan *cuál será mi lugar en el futuro*

de esta compañía y no sé qué debo responder.
Tengo que morderme la lengua para no decir
que espero estar muy lejos de aquí, en un
pequeño apartamento en una gran ciudad,
dedicando mi vida al arte. No es cordialidad
ni profesionalismo lo que me detiene, solo estoy
evitando pensar en el futuro últimamente.
Me está costando recordar cómo ser amable
conmigo y cuando me atrevo a formar sueños
como pequeños barcos de papel que envío
por las aguas de mi mente, una corriente
opaca de pesadillas comienza a agitarse y no se
detiene hasta que haya empapado sus frágiles
estructuras, dejándolos lo suficientemente
débiles para arrastrarlos al tenebroso fondo
donde existen otras visiones. Visiones que
no me gustan. Visiones en las que me quedé
atascada en la misma rígida silla de oficina, frente
a la misma computadora defectuosa, haciendo
la misma mierda todos los días, mirando al
tiempo dejándome atrás, pregúntandome
a dónde se fue mi vida.

DIGO QUE ESTOY BIEN

Tomo el camino fácil y digo que estoy bien, pero
han pasado meses y la casa sigue en duelo, sumida
en un quieto sueño que no he logrado tronchar.
El silencio está bien, excepto en los días que me jala
demasiado fuerte el cabello. Los llamo Días Márgenes.
Me apresuro a abrir las ventanas y la puerta y me quedo
bajo el umbral a escuchar al mundo hablar. Lo llamo
mi Primer Síntoma de Soledad. Dejo que todo entre
a la casa: la brisa, el sonido de los motores, ladridos y
maullidos, la música de mi vecino, ofertas de
vendedores ambulantes, monólogos de misioneros
sobre propósito y tragedia. Cualquier cosa es mejor
que sentarse en la mesa a mirar a la sombra de la
muerte apagar todos los colores. El ruido foráneo
está bien, hasta que alguien me pregunta cómo estoy.
Digo que estoy bien y nada más. No entro en detalle,
no pregunto de vuelta. No me interesa la conversación.
La mayoría de mis palabras son tristes y prefiero
guardarlas para mis poemas. Digo que estoy bien y
parece que miento. No es intencional. Tengo cosas
que son difíciles de admitir, obstinadas y vergonzosas.
Como que a veces recito en susurros mis planes
del día, en caso de que Papá esté en algún lugar,
escuchando. O que ayer lloré en el autobús de camino
a casa, cuando Mamá me llamó para preguntar por qué
estaba tardando tanto en llegar. No sé en qué momento
olvidé que todavía hay gente que quiere que llegue
a salvo a casa. Digo que estoy bien porque besar

mi propia frente antes de ir a dormir no es suficiente,
pero no quiero hablar de eso. No quiero ser un fastidio.
La verdad es que digo que estoy bien y eso significa
que las cosas podrían estar peor. Bien significa que
no todos los días acaban en llamas. Bien significa que
todas las personas que conozco extrañan a alguien
de esta manera. Digo que estoy bien y eso significa
que he hecho muchas cosas hermosas con este dolor.

EN ESTE POEMA, EL MUNDO ES MI ENEMIGO

No sé cómo iniciar este poema. No puedo pensar
en ninguna buena y nueva metáfora para adornar

mi melancolía. Mis músculos están adoloridos de tanto
correr e intentar alcanzar a este mundo que gira cada vez

más rápido. No sé en qué momento quedarse atrás
se volvió peor que morir. No quiero salir de la cama

la mayoría de los días. Toda la claridad que llega
con envejecer corta demasiado profundo y estoy más triste

de lo que me gustaría admitir. Me estoy encogiendo
bajo el peso del todo y temo que para el final del año

seré del tamaño de una hormiga. A veces quiero
empujar mi mano por mi garganta y arrancarme

el corazón de un solo tirón, ponerlo dentro de una
vitrina y dejarlo en la banca de un parque o en una parada

de autobús. O en un estante del supermercado. Algún lugar
donde alguien más lo encuentre y se encargue de cuidarlo.

Me gustaría tener algo mejor que decir. Espero arribar
a mi último aliento con algo más que todo este sufrimiento.

HÁBITOS DE SABUESO

Benditas sean las noches en que te tengo cerca y puedo
dejar que mis ojos divaguen sobre tus hombros y tu pecho
por más tiempo, pretendiendo que no lo notarás en la oscuridad.
Estas noches, en las que pronuncio tu nombre en voz baja
y levanto un dedo para trazar un corazón sobre mis labios
cuando escucho el sonido de tus pasos acercándose.
El cielo nocturno es el único testigo de mis manos ansiosas.
Del sí anticipado que descansa sobre mi lengua incluso antes
de que hagas una pregunta. Seguiré tu cuerpo a donde quiera
llevarme. Seré tu perro guardián, tu sombra
de medianoche, tu propia Luna vigilante. No sé si esto
es amor, pero a menudo me preocupa que lo puedas leer
en mi cara, o que lo escuches tronando y chocando dentro
de mi caja torácica cuando estás cerca. No tengo control
sobre mi cuerpo atormentado, esta criatura desesperada
que no para de pelar los dientes, hambrienta de tu voz.
Te deseo tanto, cariño, pero me estoy aferrando
a la discreción. Pensaré en la chica que te espera
en casa y las cosas que ella hace. Llorar en tus brazos.
Plantar besos en tu cuello. Contar los lunares
de tu espalda. Silbaré una cancioncilla melancólica.
Me guardaré todo esto para mí. Tu olor mezclado
con la brisa. Las palabras que no digo. Tu mano alrededor
de mi codo. Mi corazón ardiendo en medio de mi pecho,
amenazando con hacerme cenizas.

CUANDO DIGO QUE SOY MUJER,

quiero decir que temprano miré las noticias y ahora estoy
despierta en mi cama, jugueteando con el dobladillo de mi
camisa. Hoy escuché nuevos nombres. Victoria. María Paula.
Tatiana. Úrsula. Fabiola. Nuevos nombres como gotas de
aceite caliente que salpican sobre mi brazo: un dolor que
siempre me hace saltar y maldecir como la primera vez
que lo sentí, aún cuando sucede a menudo. Después de unos

segundos, el ardor desaparece y, antes de que me salpiquen
más gotas, déjame hacerte una pregunta: ¿también te parece
irónico que para escribir un poema sobre violencia de género,
haya tenido que volver a la cocina? Cuando digo que soy
   mujer,
quiero decir que solía encontrar fósforos enredados entre mis
sábanas cuando era adolescente. Aún no he perdonado
al mundo por sus brutales métodos, haciéndome tropezar,

pisoteando mi cara, cerrando sus manos alrededor de mi
cuello, riéndose de mis lágrimas. Pasé las primeras dos décadas
de mi vida convencida de que mi cuerpo hacía mucho
y no lo suficiente al mismo tiempo, y me culpé por eso.
Y no tenía donde esconderme. Cuando digo que soy mujer,
quiero decir que seguí todas las reglas de mierda para
   volverme
dulce y dócil y reducir las posibilidades de perder mi vida en

el intento de vivirla. Aprendí a mantener mi cuerpo
cubierto. A bajar la cabeza y acelerar el paso cuando alguien

me grita en la calle. A volar en manada, sobre todo
cuando cae la noche. A cederle una parte de mí a quien
la pida. A siempre estar alerta siempre ubicación compartida
siempre bebida a la vista siempre avisar cuando llego a casa
siempre mi responsabilidad. A reír incluso cuando el chiste

no es gracioso. Me encojí y me enjaulé solo para descubrir que
las chicas buenas también acaban en zanjas. Cuando digo
que soy mujer, quiero decir que vivo con los nombres de
mujeres muertas sembrados entre mis pestañas. Intento ver
lo que ellas no pudieron, evitar los caminos que las llevaron
a sus propias tumbas. Asomo primero la cabeza antes de girar
en cada esquina. Considero todas las posibilidades, fabrico las

excusas necesarias, camino con un juego de llaves escondido
entre mis dedos. No me enorgullece nada de esto. Cuando digo
que soy mujer, quiero decir que fantaseo con convertir
mis manos en los cuchillos más afilados, en algo que no tiemble
cuando las calles están vacías. Quiero dejar de sentir que todo
lo que hago es una estrategia de supervivencia. Quiero conocer
a la mujer que podría ser si no tuviera una luz de emergencia

en mi cerebro parpadeando a todas horas. Cuando digo que
soy mujer, quiero decir que me tomó mucho tiempo dejar de
temer a la ferocidad en mis huesos. Nunca hice nada con los
fósforos de mis sábanas. Pegué uno en una vieja bitácora y
le pregunté al papel qué significaba, y todas las respuestas
que obtuve terminaban en llamas. Tiré el resto de los fósforos
a la basura. No quería ser una de esas chicas que abren las puertas

de una patada y entran a la habitación con la voz por delante.
Me repetí una y otra vez que las cosas se pondrían mejor y,
en algún momento, los fósforos dejaron de aparecer.
No los he vuelto a ver desde entonces. Cuando digo que
soy mujer, quiero decir que crecí enojada y asustada y
no me queda mucha esperanza. Un taxista me dijo
que las feministas modernas son demasiado crueles

y violentas. Me quedé callada y pensé en ese sueño recurrente
que tengo, en el que guardo cada uno de los fósforos y dejo
de contenerme. Dejo que el aire se llene de humo y que la
    ceniza
me queme las fosas nasales. Dejo que el carbón manche mi piel
cuando me acuesto sobre los escombros, entregándome
a la desolación, dejando salir un último suspiro antes
de caer dormida. Al fin.

BORRADOR DE DISCULPA
(QUINTA VERSIÓN)

¿Qué te puedo decir?

Estoy deprimida. No tengo ganas de compartir
una costosa cena y tallar notas de amor en
estrellas caídas, pero estoy aquí. Vine a verte.

El cliché es aún peor cuando te sucede a ti:
Salir de la cama requiere fuerza sobrehumana,
e intentarlo es lo más valiente que puedes hacer.

Estoy intentándolo, pero tengo que sostener mi
cara con mis manos para que no se me caiga
a pedazos. Me conoces. Cambios de humor y

noches sin dormir. Sofocos furiosos y carcajadas
en medio de habitaciones grises. No soy buena
en diplomacia y compostura. Las emociones

se me derraman como agua helada fugándose de
un congelador defectuoso. Nunca he sido el alma
de la fiesta, pero puedo empaparte los calcetines

y arruinarte el día entero. Espero que no lo tomes
personal. Solo quiero volver a mi cama y pensarme
muerta. No, lo siento. No quise decir eso. No quiero

que te preocupes. Prometo llevarme mi sombra

cuando me vaya y prometo contestar el teléfono
mañana. Por ahora, solo quiero volver a mi cama y

escuchar a los camiones transportadores pasar.
Sus enormes ruedas acariciando la carretera solitaria,
mi canción de cuna personal. A veces tocan sus bocinas

y una fantasía se despliega en mi cabeza, en la que dejo
mi cuerpo para convertirme en un sonido nocturno.
El aullido de un perro. Pasos cansados y llaves que

tintinean. Sirenas de ambulancias y alarmas de
automóviles. Algo que no está fuera de lugar. Alguna
desdicha ajena que no ocupa mucho espacio en

la mente de los demás. Algo de propósito simple,
que existe solo por unos segundos antes de
desvanecerse en el cielo negro.

GRACIAS A DIOS POR EL AMOR

A Tammy Faye

Fue la historia de las Bodas de Caná. Aquella en la que Jesús estaba tan conmovido por el rito de amor, que sorprendió a todos con su primer milagro: convertir seis tinajas de agua en vino de gran calidad para que la celebración no acabara. De la boca del sacerdote salió simple y anodina, pero me estalló en la cara como un cuarto de dinamita. En esa silla, frente al altar, solté la mano de mi novio y una fuerza invisible me jaló hacia adelante hasta que mis rodillas tocaron el suelo.

Intenté levantarme, pero era como si un grillete estuviera encadenando mi cuello al suelo. El sacerdote paró su monótona homilía. Con el templo hundido en silencio, creo que todo el mundo pudo escuchar la voz de mi novio cuando me preguntó si estaba bien. Eso me robó la última unidad de sanidad que me quedaba. Perdí todos los escrúpulos. Me deshice en un lamento que escaló en intensidad hasta que cimbraron los vitrales. Temía que toda esa antigua estructura de concreto se desplomara sobre mi cabeza, pero no podía parar de llorar, y disparé el pánico de la multitud. Las mujeres sentadas en las primeras bancas corrieron a socorrerme, pero no dejé que nadie me tocara. Ni siquiera mi novio. Me sacudí de encima las manos de los demás mientras que gruesas lágrimas de rímel caían por mis mejillas y salpicaban la falda de mi vestido.

El sacerdote ordenó a los sacristanes que escoltaran a los invitados fuera del templo y todos se apuraron como si estuvieran escapando de una catástrofe. Era pasado el mediodía. El Sol nos encandilaba, el aire estaba agobiadoramente húmedo. Nada de eso ayudó a mi situación. Había pasado tanto tiempo planeando ese día a la perfección y en ningún momento preví que sería yo misma quien estropearía la fantasía. A veces siento unos punzones de culpa en la parte de atrás de mi cabeza cuando pienso en ello y me entran muchas ganas de disculparme con todos mis invitados, pero ni siquiera sabría por dónde empezar.

La verdad es que no cambiaría nada de lo sucedido. Nunca he estado tan cerca de Dios como ese día. Me habría gustado entenderlo desde el inicio de la ceremonia, con la marcha nupcial haciendo eco por la catedral y los pétalos de rosa color vino que atrapé bajo la cola de mi vestido al caminar hacia el altar. Mantuve mis ojos estáticos sobre el gran Jesús Crucificado de madera que colgaba en la parte más alta del retablo. Fue la primera cosa que busqué cuando entré al templo. Vacié mi cabeza de distracciones para darle espacio a su voz, esperando que me revelara secretos exclusivos reservados para las novias, pero él siguió siendo la misma forma petrificada de madera, traicionada y doliente. Le supliqué por una señal de que avanzaba por el camino correcto, pero nuestra conversación fue completamente silenciosa.

Respire profundo un par de veces. Intentaba no llorar con todas mis fuerzas. El amor me ha preocupado desde que tengo uso de memoria, puesto sobre mi cuerpo como una escayola que le dio forma. El día que descubrí que soy mujer fue el día que comencé a seguir mandatos. De niña, veía en todas partes que cuidar y servir eran las mayores expresiones de amor que podía ofrecer y lo creí. No lo cuestione ni por un segundo, de hecho. Estaba en los programas de televisión, en las clases escolares de hogar y salud, en la forma en que mamá miraba a papá cuando él entraba por la puerta después de un largo día de trabajo. Algo dentro de mí sabía que adoptaría un rol similar algún día, pero mi identidad aún estaba demasiado fresca. Pasaba muchas horas jugando a la casita, intentando decidir si debía llamarlo querer o deber, pero me distraía demasiado con todo el horneado falso y la limpieza falsa. Lo encontraba demasiado divertido. Estaba segura de que, si el amor seguía siendo un juego, lo mantendría cerca por el resto de mi vida.

Eventualmente, perdí mi inocencia. Yo estaba de acuerdo con Jesús en al menos una cosa: estar en la presencia del amor es una celebración. Pero yo no soy ninguna hacedora de milagros. El juego se volvió cada vez más complejo, las restricciones cada vez más confusas. No entendía cómo las mujeres que conocía se las arreglaban para salir a flote. Si anhelas amor, te ridiculizan. Te reducen a un cliché femenino y te recuerdan que puedes aspirar a cosas más importantes en tu vida. Si el amor no es tu prioridad, te instan a que lo muevas al frente de tus tareas pendientes. Hablan de tu reloj biológico y el consenso colectivo de que entre más vieja te pones, menor es tu valor. Intentan aterrorizarte con la soledad que te absorberá si no encuentras compañía. Es para lo que estás hecha, te dicen. El amor y su delicadeza rosa, es el trabajo de una mujer. Pero si sales a buscar amor, te castigan. Te señalan y te llaman un montón de nombres feos. Fácil, desesperada, promiscua. Una larga lista de palabras que duelen. La única solución es que el amor venga a ti, y para eso debes mantenerte seleccionable. Un objeto de deseo. Debes vigilar lo que comes, lo que vistes, el estado de tu cabello, la tersidad de tu piel. Debes convertirte en un trofeo andante, un símbolo de victoria. Debes ser lo que un hombre quiere.

Yo había estado en una docena de bodas antes, siempre sentada impasible frente a la historia de las Bodas de Caná, pero esta vez fue como si el mismo Jesús era quien la estaba contando. Como si, finalmente, hubiese decidido mostrarme algo de compasión. No podía parar de llorar en el piso de esa iglesia. Mi garganta palpitaba de dolor y me costaba respirar. Todo me daba vueltas. Pensé que iba a morir y empecé a darme manotazos en el pecho, intentando convencer a mis pulmones de que siguieran funcionando. Mi novio se arrodilló frente a mí y llamó mi nombre con una voz baja y quebradiza. Levanté mi vista hacia su cara y recordé la sonrisa kilométrica que tenía puesta al inicio de la ceremonia, cuando llegué al altar y solté la manó de mamá para tomar la suya. Todos sus dientes coreografiados en las posiciones perfectas para ese día especial. Todo rastro de su felicidad había sido reemplazado por una gran confusión.

Lo agarré de las solapas de su traje y lo estrellé contra mi cuerpo en una abrazo que me quebró aún más. Hundí mi cara en su cuello y lo manché todo con mis lágrimas de rímel. El amor había venido a mí en el pasado, pero nunca fue lo que yo esperaba. Lo que necesitaba. Los hombres del pasado me mantuvieron bajo la suela de sus zapatos, una prisionera de mi propia vida. Nunca me hicieron preguntas sobre mí misma y querían que yo llenara todos sus espacios vacíos. Amiga, pareja, madre, terapista. Con los hombres del pasado, todo era sobre lo que yo podía hacer por ellos y no lo que podíamos construir juntos. Con este hombre, que me sostenía fuerte mientras yo lloraba en sus brazos, que era mi presente y mi futuro, el amor es más fácil.

Mi amor es suave y amable, y me deja dormir hasta tarde los sábados. Mi amor lava los platos sin que yo se lo pida. Mi amor escucha y no busca explicarme mis propias palabras de vuelta. Nunca intenta enseñarme una lección. Los hombres del pasado me habían hecho caminar por el infierno, pero ese largo viaje había acabado. Me tomó varios minutos volver a mis cabales y limpiar el maquillaje corrido de mi cara. Mi amor me asistió en silencio y me guió de vuelta a las sillas cuando logré calmarme. Él me plantó un beso en la sien y no me hizo ningún reclamo. No lo ha hecho desde entonces. Puse mi cabeza sobre su hombro y la dejé allí tanto tiempo como pude. Cerré los ojos. La penitencia no era más que una memoria. Todo el dolor y el abuso. Todas las noches solitarias. Todas las lágrimas que derramé. Esas oraciones que susurré para mí misma cuando no había nadie cerca. *Por favor, alguien a quien amar. Alguien que me ame.* Todo se dispersó en el aire como partículas de polvo que sacudes de algo que ha pasado guardado mucho tiempo.

El sacerdote tomó su lugar en el altar y continuó con el rito matrimonial de forma muy eficiente. No más sermones ni distracciones, solo tradición. Nos dijimos «Sí, quiero» e intercambiamos los anillos y las arras, reprimiendo risillas por los susurros que llegaban a nuestras espaldas desde las bancas, la gente ansiosa de escuchar alguna explicación. No gastamos ni un segundo tratando de ayudarles a racionalizar lo que había sucedido. Si no lo entendían, el problema les pertenecía exclusivamente a ellos. Todo estaba claro para nosotros dos. El amor fue el principio y será el final. El amor es la única cosa que podría arrancar a Dios de su trono y ponerlo de rodillas.

DÍAS DE GLORIA

no me interesa
la obsesión cultural occidental de
fatigar cada uno de los músculos hasta
alcanzar el peldaño más alto de la escalera
socioeconómica. no quiero tener que ser cautelosa
con mi dinero, no lidiaré con porquería corporativa
en mi tiempo libre, no sacrificaré mi cuerpo
al mito del hombre que se hace a sí mismo.
estoy evitando los calendarios que hacen promesas
de futuros días de gloria. he leído demasiado
de la letra pequeña. sobretrabajar no traerá
la luna a mis pies y prosperidad es una palabra amarga
en un mundo que ya está medio enterrado en
su propia tumba. si llego a ver mi cabello tornarse gris
en el espejo, contaré historias sobre los sábados
por la tarde en tu apartamento, con el ventilador
a toda marcha, comiendo pastel de cumpleaños
de hace una semana y bajándolo con una gaseosa
demasiado espumosa que nos hace olvidar que somos
personas durante los pocos segundos que quema
la garganta. sábados por la tarde en tu apartamento,
buscando la oferta más barata de condones,
hablando mierda de nuestros amigos de la secundaria
y de nuestros trabajos, decidiendo que
somos adultos por el pensamiento reiterativo
de que no estamos haciendo lo suficiente
con nuestras vidas y riendo de ello
inmediatamente después, porque incluso

si no somos conmemorados en los grandes
libros de historia, tuvimos la absoluta suerte de
habernos encontrado. al menos eso salió bien.

RATA Y JOHNNY

Es tarde y las calles están llenas y el conductor del autobús
da un giro hacia una calle por la que nunca hemos andado
para tratar de escapar de las lentas líneas de tráfico. Esta nueva
   calle
también está llena de autos y me alcanza el tiempo para
asimilar el paisaje desconocido, hecho de casitas pintorescas
con jardines florecientes y algunos locales comerciales
aquí y allá. Al lado de una casa medio cubierta de enredaderas,
hay una pequeña zapatería que tiene los nombres de dos chicos
garabateados con pintura azul sobre la cortina metálica.
Esas letras grandes y apresuradas escritas dentro de
un corazón torcido me hacen pensar en ti. Quiero amarte así.
He conocido la ternura en tus ojos cansados y quiero que
todo el mundo lo sepa. Me gustaría salir a caminar en medio
 de la noche y besarte bajo las farolas, romper las reglas y dejar
que alguien más se ocupe de las consecuencias. Haré lo que sea
para que mi nombre tome un sabor distinto cada vez
que se pose sobre tu lengua. Lo prometo. Le demostraremos a
   la gente
que las cosas que suceden en la oscuridad también pueden
ser hermosas. Esta ciudad nos recordará jóvenes y atrevidos
y saliendo de la habitación cuando nos pregunten
sobre el futuro. Nuestro amor es sagrado y merecemos
ser un poco egoístas al respecto. Merecemos construirnos
un monumento, una gran señal fija de afecto, algo que
empuje a los transeúntes solitarios a preguntarse por
la mano que no están sosteniendo.

POEMA DESPUÉS DE MI PRIMER TATUAJE

Estoy aquí, al borde de las lágrimas cada pequeño
día. Mi cuerpo está aquí, cada centímetro testarudo
como una espina astillada, y a veces eso es
algo bueno. Miro mi cara en el espejo entre cada línea
que escribo y no me sirve de nada, no creo ser capaz
de poder hacer una lista de las cosas que me gustan
sobre mi cuerpo. He aprendido a quererme
como lo hacía cuando era una niña pequeña,
lo que significa que no me doy espacio
para pensar en mi cuerpo por mucho tiempo.
Tengo preocupaciones más grandes corroyéndome
el cerebro. Los científicos dicen que el planeta
está girando más rápido, las guerras se multiplican
y este invierno es terriblemente cálido. El tiempo
cae sobre mí como un balde de agua helada y me hace
dolorosamente consciente de mi propia existencia,
de la urgencia de hacer algo importante con ella.
Yo quería que este poema fuera sobre esperanza,
pero no sé qué hacer para evitar que las cosas
se tornen lúgubres. Todo lo que realmente tengo es
supervivencia. Estoy haciendo el esfuerzo diario
para no dejar que mis huesos se conviertan en polvo.
He dejado de preguntar por el paradero de Dios
y solo doy el primer paso. Voy al supermercado.
Me corto el cabello en casa. Lloro en el autobús.
Hablo con amigos que me hacen reír y recuerdo
que mi propósito es lo que yo decida que sea.
No existe un gran plan ni destino imprevisible

ni lugar para la vergüenza. Crecer es aceptar
que mi libertad siempre lucirá como desobediencia
en los ojos de alguien más. Vivir es plantar los pies
en el suelo y explicarles que no nos vamos a esconder más.

EN HONOR AL ÁRBOL DE NAVIDAD QUE ESTÁ MURIENDO EN MI CORREDOR POSTERIOR

algunas noches atrás, me crucé con una mujer
en la internet que recomienda empezar el día
mirando por la ventana para evitar
huesos desmoronados y he estado intentándolo
por una semana, pero es seguro decir que cada día
despierto más enojada. disculpa que no tenga mejores
noticias. cuando muevo las latosas cortinas de la sala,
todo lo que veo es el árbol de Navidad de hace tres meses,
desteñido a un marrón sin vida, esperando su propio
descarte en un rincón de mi corredor posterior
y tengo que ahogar mis lágrimas. confié en que
este estúpido hábito amordazaría la hostilidad
de mi mente, pero la vista del otro lado de la ventana
solo me muestra los huecos en nuestra domesticidad
que perforaste cuando te fuiste. no puedo dejar de pensar
que el inconveniente del árbol de Navidad muerto no existiría
si estuvieras aquí y yo soy inútil ante su pesadez,
ante sus ramitas quebradizas que me espinan las manos
cuando intento moverlo. he pedido ayuda, pero nadie
comparte la urgencia de mi solicitud. siempre es un problema
para después y estoy cansada. he dado cada letra de mi nombre
para hacer de esta casa un hogar sin ti y sigo escribiendo
el mismo desolado poema una y otra vez. a veces el duelo
me hace querer arrancarme la piel de la cara y deambular
siendo solo músculo y sangre. odio sus puñetazos cobardes,
la forma en que extrae cada soplo de aire de mis pulmones

para hacerse espacio y ni siquiera considera
pedir disculpas. mantengo el árbol de Navidad confinado
a un rincón de mi corredor posterior como acto de
autodefensa. necesito toda la distancia que pueda conseguir
de la madera muerta. el suelo que la rodea está lleno
de agujas de pino secas que se pegan a la tela
de mis calcetines cuando me acerco y me recuerdan que,
más que nada, te quiero aquí.

ÍCARO EN UN TRAJE AZUL MARINO

A los Barrios del Sur de San José

de camino al trabajo / lo veo por la ventana del autobús / un hombre en un traje azul marino caminando por la calle / cargando un diploma universitario en una de sus manos / dando largas y orgullosas zancadas / que cercenan el sentimiento ordinario de que nada avanza que recubre estos barrios / nuestros barrios / de calles con nombres desolados y sangre en cada esquina / nuestros barrios / de padres que esperan a sus hijas en las paradas de autobús cuando se hace tarde / y madres como estatuas junto a las ventanas rezando para que sus varones recuerden el camino a casa / nuestros barrios / amándonos como una bolsa de plástico sobre la cabeza / tu cuerpo se retuerce por la falta de oxígeno y la ciudad entera se inclina para susurrarte unas palabras de afecto al oído / *largate de aquí y encuentra un lugar mejor* / *te daré todo lo que necesitas para sobrevivir* / ¿entiendes lo que quiero decir? / como las raíces de los árboles del parque del centro / que levantan los adoquines a su alrededor / encontramos las formas de mantenernos a flote / está escrito por todos nuestros cuerpos / el lenguaje del agotamiento / ceños fruncidos y hombros caídos del esfuerzo constante para dejar atrás una oscuridad que no para de mordernos los talones / cueste lo que cueste / si el cielo se niega a venir, crearemos uno por nuestra cuenta / lo aprendes rápido / trabajo / familia / lealtad / humildad / el barrio / no sabes lo profundo que cala hasta que consideras irte / cuando todos los rostros hastiados se vuelven un espejo / y ya no quieres seguir vigilando tu espalda sobre tu hombro cada vez que das la vuelta en una esquina / pero cómo puedes volar lejos del lugar que forjó tus alas en primer lugar / el barrio / no sabes cuánto lo amas hasta que lo sueñas en nuevos tonos / en algún lugar entre el miedo y el dolor reside el potencial / acelerando tu corazón / empujándote hacia adelante / inflando tu ambición / como una ráfaga de viento que se vuelve cada vez más intensa / imaginas todas las cosas que podrían ser distintas / y empiezas a creer que tus alas son lo suficientemente fuertes para cargar a toda la ciudad hacia el paraíso contigo / sería más fácil huir / pero lo sabes una vez que la calidez del sol cae sobre tu cara / te dejarías quemar por la ciudad a la que llamas hogar /

CONFESIONES CREPUSCULARES

En las tardes que buscamos algún lugar tranquilo para
sentarnos en el capó del auto a mirar al Sol teñir al cielo de rojo,

me pregunto si existe una versión de nuestra historia que no tenga
nuestras asperezas. Un hermoso soneto en el que no hayas

caído a mis pies magullado y sin aliento, y yo no haya convencido
a mis manos de que fueron hechas para secar tus lágrimas. Pienso en

irme a menudo. La visión viene a mí en momentos de quietud
doméstica, cuando hago la cama o doblo mi ropa: una vida mía,

ingrávida y sin restricciones. Pisando el acelerador a fondo,
hasta que el punto en la distancia se convierta en un muro,

y el muro se vuelva inevitable. Sin segundas conjeturas, sin calibrar
las consecuencias. Puedo imaginarme olvidando el sonido de tu voz

hasta que tu melodía me alcanza desde la otra habitación. Eres tú,
riéndote de la televisión, o tarareando una canción, o contándole

a alguien nuestros planes para el día y mi pecho se hincha como
una herida infectada. Mi verdad no es simple: siempre estoy

luchando contra el impulso de desdoblarme frente a ti y dejar que
me moldees a tu voluntad. Sé lo horrible que suena. En la boca

de mi estómago crece la certeza de que comería cada mentira
que me quieras decir y lamería mis dedos hasta que estén

limpios. Por tí, prendería fuego a mi propia cama para mantener
la casa caliente y pasaría las noches en vela, ahuyentando

los monstruos que acechan el jardín. No hay nada que quiera más
que esconderte de Dios y sus planes y llevarte a vivir a algún lugar

bajo tierra en el que podamos ser jóvenes por un poco más
de tiempo. Miro la forma en que la luz moribunda cubre tu rostro

con un resplandor oro rosa y quiero ser mejor que esto. Me gustaría
tener una plática con mi corazón y convencerle de que deje de jugar

a ser el héroe, de que baje el arma. El problema es que no sé cómo
amar diferente. Lo que quiero decir es que no moriré por amor,

pero podría matar por ello. Arrastraría al mundo entero
por el suelo y lo empujaría por un precipicio si es

lo que se necesita para mantenerte a salvo. Puedes enjuagar
la sangre y la suciedad de mis nudillos y recordarme que el amor

no tiene que ser un cementerio y no hará mucha diferencia.
Tan pronto como las yemas de tus dedos toquen mi piel,

me invadirán todas las cosas ruines que haría
para llevarte al cielo.

SABIDURÍA DE NARCISOS

A Florence Welch

es una cálida mañana de sábado y esta mística pelirroja
está tratando de convencerme de que hay belleza escondida
en las profundas trincheras del sufrimiento con sus canciones
arrebatadoras. ha sido un largo año, no sé si puedo creerle.
los únicos asientos disponibles en el autobús son los que
reciben luz solar directa y mi labio superior está sudando
debajo de mi cubrebocas desgastado. subo el volumen
tanto como puedo, hasta que el plástico de los audífonos
cimbre dentro de mis orejas. por la calle corren los lamentos
sordos de un mundo que no puede sacar su cabeza del duelo
y no quiero nada de eso. quiero el dulce consuelo de la música,
la lobotomía indolora que ofrece, como un salvavidas
en mi océano de furia y desesperación. un hombre se sube
al autobús cargando un niño dormido en sus brazos seguido
por su esposa, quien paga el pasaje de los tres. esta pequeña
familia toma asiento algunas filas frente a mí y puedo verlos
afincarse en su universo privado: el hombre planta
un beso a través del cubrebocas en la frente de la mujer.
ella dice algo que lo hace reír. el niño se aferra con más fuerza
al cuello de su padre y un manojo de narcisos germina en mi
hipocampo. me he convertido en una criatura tan brutal,
una extraña a la gentileza. me toma mucho esfuerzo relajar
los puños y desenterrar las uñas de las palmas de mis manos,
pero por hoy, quizás escogí el asiento correcto en el autobús.
quizás florence tiene razón. el amor encontrará la manera
de alcanzarnos a través de todo este sufrimiento.

HOMBRE DE LA INTERNET (II)

dice que follar con las gordas no es lo peor que ha hecho /
solamente es demasiado vergonzoso / Hombre de la Internet
dice que ha estado completamente borracho la mayoría de las
veces que lo ha hecho / que debe hacerlo con la luz apagada / que
se obliga a esperar algunos días antes de contárselo a alguien / él
está sentado en un sofá con un par de sus amigos que asienten
y se ríen con sus declaraciones / y Hombre de la Internet se
vuelve más audaz / él pierde todo sus filtros / dice que desearía
poder tratar a las gordas como ganado / *como las vacas que son* /
ponerlas a dormir con una bala entre las cejas / y descuartizarlas
para dejarse solo las partes con las que puede darse un festín / el
resto a la basura donde pertenecen / detengo el video / la siento
inmediatamente / quiero decir / la bala en mi frente / la sangre
que chorrea por mi cara y se acumula en el cuello de mi pijama
/ miro la imagen congelada / las caras de todos esos hombres /
las bocas abiertas que se estiran en grandes sonrisas / una leve
señal de sorpresa que me da algo de esperanza / quiero decir
/ continúo el video / esperando que alguno de ellos corrija al
Hombre de la Internet / o al menos le indique entre risas que lo
que dijo es inaceptable / y ninguno lo hace / la conversación fluye
igual / ni siquiera cambian el tema / el grupo de hombres sigue
haciendo alarde de su desdén por los cuerpos gordos pero / no
recuerdo mucho más / me disocié pensando en este disparate
/ quiero decir / esa comodidad con la crueldad / Hombre de la
Internet conoce el impacto y el alcance de sus palabras / y aún
así las deja salir / como si fueran globos llenos de pintura que
suelta desde la azotea de un edificio de cuatro pisos / solo para
ver el desastre que causan / quiero decir / parece ser la forma

en que Hombre de la Internet valida su virilidad / la forma en que alimenta su ego sobre inflado y magullado / esa parte de sí mismo que está convencida de que pertenece a un nivel superior / a un lugar donde tiene derecho a señalar y juzgar / lejos de la lógica / quiero decir / si follar con las gordas es tan malo / por qué lo sigues haciendo / por qué no aspiras a algo mejor / acaso no eres un gran partido / por qué no consigues a la chica que no te da asco / por qué guardas los números telefónicos de las gordas en tus contactos / por qué las mensajeas en medio de la noche suplicando por su calor / no pienses que no lo sabemos / quiero decir / si vas a ser un hijo de puta / al menos intenta que el veneno que escupes tenga algo de coherencia / por favor / quiero decir / he estado frente a este odio incontables veces / pero no he logrado aprender cómo evitar que arruine mi día /

DÉJAME SER GRANDE

La fisura en una partícula atómica que hace BOOM. Grande.
Postes de luz que no se doblan con ningún viento. Grande.
Ballenas majestuosas que te roban el aliento cuando saltan fuera
del agua. *Dime lo que sientes cuando me miras.* Grande. Maquinaria
pesada que construye hogares y podría matar a un hombre en
un instante. Grande. Puentes, torres, rascacielos, mansiones.
¿Alguna vez has soñado conmigo? Grande. Más del ochenta por
ciento del océano sigue inexplorado. Grande. La arena de las
dunas serpenteando bajo la brisa. *No te culparé si mantienes tu
distancia.* Grande. Árboles centenarios que no puedes rodear con
los brazos. Grande. Montañas kilométricas, la columna vertebral
del planeta. *Imperdible, imponente, una eminencia.* Grande. Júpiter,
Saturno, el Sol. Grande. Muros fronterizos, pirámides, antiguas
ruinas de piedra. *Me recordarás por mucho tiempo.* Grande. Reino
celestial. Grande. Ángeles bíblicamente exactos. Grande.
Cuerpos gigantescos hechos de fuego, plumas y un millar de
ojos. *No temáis.* Grande. Dios sentado en su trono, mirando al
mundo arder. Déjame ser grande.

En los días en que encorvo mis hombros
y mantengo los brazos cerca de mi torso,
miro a mi alrededor y recuerdo:
nada en mí estaba destinado a ser sutil.

MY NAME IS JEFF AND I'M TIRED OF
LOOKING AT THE BACK OF YOUR HEAD

A Richard Siken

Estás en la habitación de un chico hermoso y estás sentada junto
a él en su cama, viéndolo luchar contra el sueño. Ambos están
cansados de pasar el día deambulando sin sentido por la ciudad,
pero tú no eres de mucho dormir y él quiere hacerte compa-
ñía por un rato más. Él está balbuceando tonterías, reduciendo
su tristeza a bocadillos de comedia, algo fácil de tragar. Esta es
tu maldición personal y auto-infligida. Solo sabes perseguir a
la misma calaña, la paradoja del payaso triste, la media naranja
de tu risa intoxicante y tu infinita melancolía. Sigues diciéndote
a ti misma que buscarás amor en otro lugar, pero no te puedes
alejar de su suave cama, de su mente catastrófica, de la dulce
forma en que dice tu nombre. Te percatas de una comezón en la
mitad de tu garganta. Es la aspereza de unas palabras cursis en
rápida escalada y carraspeas por un par de segundos para em-
pujarlas de nuevo hacia abajo, pero es una batalla perdida. Esto
es todo. Le confiesas lo que sientes y tus palabras convierten la
habitación en algo fúnebre. Él te mira como si tu cara se estuvie-
ra reconfigurando en tiempo real, todas las facciones bailando
y aterrizando en lugares en los que no deberían estar. Pura sor-
presa, intriga y unas pinceladas de terror. Después de un largo
silencio lacerante, él te ruega que te retractes. Que admitas que
todo es una broma de mal gusto y que retrocedas el reloj cinco
minutos, cuando nada de esto había sucedido. Tú ahogas tus
lágrimas y te disculpas. Él te pide que no lo tomes personal.
Simplemente no eres ideal. Le diste todo. Aprendiste a cocinar

sus platillos favoritos. Te reíste de todos sus chistes, incluso los malos. Arrancaste las razones para morir que crecían bajo su almohada y las sostuviste a la luz. Es cierto que él nunca lo pidió, pero tampoco te detuvo. Lo sacaste del infierno una y otra vez, pero no eres la chica con la que él sueña. Eres demasiado de todas las cosas equivocadas, de hecho. No eres lo suficientemente bonita ni agradable ni graciosa. No eres la chica por la que su papá lo felicitaría, ni la que pondría celosos a sus amigos. Su amor nunca te tocará y este momento se estrella como una daga contra tu pecho. Él se cree misericordioso cuando toma tu mano y te asegura que todo quedará en el olvido para cuando amanezca. Lo que él no considera es que tu cuerpo lo recuerda todo.

LAS COSAS TONTAS (O LA DISECCIÓN HONESTA DE LA FOTOGRAFÍA DE UNA DESAPARECIDA)

tantas cosas tontas / como perder el sueño mirando las fotografías de la última racha de mujeres desaparecidas / me invierto en un juego tonto de comparar sus rasgos con los míos / como si eso pudiera darme un dato acertado de mis probabilidades de terminar siendo otra víctima / y una culpa tonta me mueve a hacer más cosas tontas / como pronunciar en voz alta cada uno de sus nombres para que el mundo no las olvide / cosas tontas / como memorizar el número telefónico del centro de información confidencial de la policía / como recordar quién era yo en las edades en las que ellas desaparecieron / dieciséis dieciocho diecinueve veintidós / esta tonta vida / tan llena de sufrimiento / se convierte en tortuoso privilegio / cosas tontas / como tener cuidado con la ropa que me pongo y la gente con la que hablo en el bar / como agregar los lugares en que esas mujeres fueron vistas por última vez a mi mapa mental de zonas peligrosas / siempre son mis pies los que pagan el precio / siempre controlados siempre temerosos siempre apresurados / es mi tonta imaginación femenina la que enciende mi paranoia cuando estoy sola en una parada de autobús / la que me hace fantasear con ser una bestia superhumana que no puede ser tocada ni matada / cosas tontas / como desear que todo se solucione con el poder de la sugestión / fácil / como que sea posible traerlas de vuelta con solo pensar en ello / simple / como imaginar que repito justicia justicia justicia frente a un espejo y la veo aparecer junto a mí en el reflejo / cubierta de sangre y lista para asediar / cosas tontas / como este miedo que me ayuda a sobrevivir / estoy cansada de enmascararlo / todo lo que hago es anticipar / no se qué voy a hacer el día en que la mujer de la fotografía sea una de las mías /

EL DOLOR Y EL PLACER DE ESTAR VIVA

lo entiendes cuando te tomas un viernes libre de tu trabajo corporativo y te embarcas desde temprano en un largo viaje en autobús para pasar el fin de semana con una de tus amigas favoritas, que vive en una bochornosa y tranquila tierra de poetas a las afueras de la ciudad. tienes tiempo suficiente en la carretera para auto-convencerte de disfrutar de la única parada en el itinerario que ella planeó para ti: una clase de yoga a la que accediste a ir a duras penas. eres una persona más de zumba que de yoga y tu amiga lo sabe, pero insiste en que esta clase es algo que *debes* experimentar, y es así como pasas un poco más de una hora forzando tu cuerpo en posiciones incómodas, sintiendo los jalones en cada músculo y articulación, intentando silenciar tu interminable monólogo interior que quiere que todo acabe pronto y que fantasea con el almuerzo. algo barato y grasoso, salado y ahogado en salsas. tu amiga conoce el lugar perfecto: una esquina famosa por el bajo costo de su pollo frito a la que te lleva como recompensa por tu no-tan-horrible actitud durante la clase y, en una claustrofóbica mesa de ese restaurante pueblerino, sientes el descenso inmediato de cortisol con el primer bocado de ese manjar poco nutritivo. la comida se mezcla con risas y chismes y, por primera vez en mucho tiempo, no hay urgencia en tu cuerpo de tener que estar en otro lugar. de vez en cuando, chequeas el reloj de tu celular y miras a la tarde paralizar su propio avance, como un pequeño animal que decide acurrucarse en tu regazo para tomar una siesta. hay más tiempo para vivir. tu amiga te pregunta qué más quieres hacer y solo pides caminar. andan por el parque, cerca del museo y frente a la casa donde su abuela solía vivir, y miran a la gente vivir sus propias vidas. hablan sobre las noticias y el estado del mundo. desentierran viejas memorias universitarias y llegan a la conclusión de que sólo valió la pena por las amistades que hicieron en el trayecto. levitando a dos centímetros del suelo, no sienten el agotamiento hasta que el cielo comienza a sangrar y es tiempo de dirigirse a su casa. ninguna de las dos tiene la energía para cocinar la cena, así que lo dejan todo en manos de la providencia de la alacena. *girl dinner.* un brownie dividido en dos, ositos de goma, frituras, sánguches con mucho queso, agua para acompañar. pequeños placeres que terminan en agruras y pesadillas de habitaciones embrujadas por muñecas parlanchinas que no te dejan dormir. a oscuras, una sobre la cama y la otra en un colchón en el suelo, se describen con detalle los memes graciosos que vieron durante la semana para tranquilizar los nervios, como una versión centennial de contar ovejas. ni siquiera te das cuenta del momento en que caes dormida, a diferencia del despertar, que dispara dolor por todo tu cuerpo. con los párpados pesados y los músculos resentidos de la clase de yoga, caminas de mala gana hacia la ducha, donde pasas una cantidad embarazosa de tiempo intentando replicar las instrucciones precisas que tu amiga te dio para conseguir agua caliente sin ningún éxito. te rindes ante el agua fría, que te entrecorta el aliento y hormiguea cada milímetro de tu piel, y tu mente se despeja de todo el ruido innecesario. las palabras se aproximan. no puedes esperar para volver a casa y escribir un poema sobre el dolor y el placer de estar viva.

CUANDO HARRY CONOCIÓ A BEAUX

Es sábado por la noche y en todo lo que puedo pensar es en amor. Tonto, ardiente, despiadado amor. Había hecho planes para encontrarme con unas amigas y cenar en un restaurante nuevo que tiene a la ciudad de cabeza y, de camino allí, el conductor de Uber me hace muchas preguntas terribles. Una tonelada de preguntas personales que no estoy de humor para contestar. No quiero parecer grosera, así que recurro a mentir en cada una de ellas y me sorprende que no me siento mal al respecto. No tengo tiempo para sentirme mal, en realidad. Ambos estamos muy entretenidos con esta falsa identidad, esta otra mujer que va de camino a reunirse con su esposo de seis años para descubrir juntos los resultados de una prueba de embarazo después de meses de percances y falsas alarmas.

—¡Buena suerte, joven! —el conductor me dice cuando estoy a punto de bajarme de su auto —. Dios mediante y todo saldrá bien.

Yo le agradezco con una tímida sonrisa y pongo mi mano izquierda en el medio de mi pecho. Para él, probablemente se ve como un simple gesto de gratitud, pero es una maniobra aún más importante para mí. Imagino que tomo sus bendiciones y las aplasto contra mi cuerpo. Las inserto en mi piel. Soy fanática de los buenos deseos y los tomo de donde vengan. Recibo y acepto suerte de todos los dioses, de todas las viejas supersticiones, de todos los números angelicales que veo en el reloj, recordándome que el universo me ama.

De camino a la entrada del restaurante, pienso en lo amable que fue el conductor conmigo. En cómo me escuchó y me reconfortó. Quizás lo mejor es que mienta sobre mí misma más seguido. No lo haría con malicia, por supuesto, solo para ofrecer algo más interesante. Para que la gente me trate mejor. Me apresuro hacia la mesa donde se sientan mis amigas. No puedo esperar para poner en discusión mi nueva estrategia de compasión.

—Toma, esto es tuyo —me dice una de ellas antes de que pueda sentarme, ofreciéndome una copa de sangría que proviene de una jarra que ordenaron para toda la mesa.

Me alegro de no haber cancelado. No había visto a estas chicas en algún tiempo y mirarlas a los ojos es como regresar a una parte de mí que había olvidado. Yo tomo asiento y la noche comienza. Nos ponemos al día de todas las victorias y miserias que nos han sucedido desde la última vez que nos reunimos y la conversación cae con naturalidad en nuestras viejas y familiares dinámicas. Me olvido del conductor de Uber. No necesito una red de mentiras para ser vista, tengo amigas que se ríen de mis chistes sosos y eso es más que suficiente. Dejo que la sangría me torne rosa pastel. El color de la valentía. Aún estoy pensando en amor y no puedo parar de reír. Quiero que la noche me tome de la mano y me saque a bailar una canción lenta que dure mucho tiempo. La poeta en mí despierta y tengo palabras deseosas de salir. Me recuerdo respirar, pero mi lengua ya está demasiado inquieta.

Empiezo a hablar del programa de telerrealidad que acabo de terminar, sobre un grupo de personas convencionalmente atractivas que son aisladas en un paraíso tropical con la misión de encontrar a alguien de quién enamorarse sin tener intimidad física. Finjo que no veo las miradas preocupadas que vuelan sobre la mesa y continúo mi humilde ponencia. Hablo con detalle sobre una pareja particular y de su romance a fuego lento. De las risas que compartían. De cómo Harry dijo que no se cansa de la forma en que ella ronca y Beaux dijo que le gusta verlo cruzar sus piernas debajo de la mesa para tomar el té.

—Lo miré todo con la boca abierta —les confieso —. Dos perfectos extraños que terminaron escogiendo la misma cama por descarte. Porque nadie más quiso dormir con ellos. Y desde el primer día, pensaban que nada iba a suceder entre ellos. Decían en las entrevistas que no habría más que una amistad y, sin darse cuenta, conjuraron un hechizo de amor sobre sí mismos con sus suaves respiraciones mientras dormían.

Fue un asalto personal, una historia hecha a mi medida. Me volví inseparable del televisor. Anhelé sus interacciones, sonrojándome y jugando con mi cabello cada vez que aparecían en pantalla, como si la flecha nos hubiera atravesado el corazón a los tres. Quería una probada de su simplicidad. De la facilidad con la que chocaron y se enredaron en los brazos del otro sin quejas ni forcejeos.

—Fue increíble —les digo a mis amigas—. No hubo dilemas ni confusiones. En las entrevistas les preguntaban cuál era el secreto de su éxito y ellos sólo levantaban sus hombros e intercambiaban una mirada cómplice. Ni ellos mismos entendían cómo era tan fácil estar juntos.

Mis amigas intentan decirme que es una patraña bien editada y pretendo que lo entiendo bien. Les hago creer que, en el fondo, soy consciente de que es un truco de sensacionalismo y mercadotecnia, pero la verdad es que no me perturba. No me importa si es un acto fabricado y momentáneo. ¿Acaso no es eso el amor, de todos modos?

La fantasía, por supuesto. Tonto amor. Acostarse bajo el Sol. El sabor agridulce de las frutas tropicales que confundes con un beso de Dios cuando explota en tu boca. Un chapuzón mañanero en la piscina fría. Las olas del mar que chocan contra la costa y se llevan la arena bajo tus pies. Pierdes el balance y te encanta cómo se siente. Ardiente amor. La piel quemada, las picaduras de mosquito, la deshidratación. Quizás no todos los días son buenos, pero al menos tienes a alguien que tome tu mano cuando sales por las noches a mirar las estrellas. Cuando el silencio nocturno te hace llevar tus hombros hacia atrás y extiendes tu pecho para que tu corazón pueda salir disparado como un fuego artificial e iluminar el cielo con un montón de colores chispeantes. Un espectáculo majestuoso que te hace caer de rodillas con lágrimas de gratitud por ser capaz de presenciarlo todo, aún con la certeza de que es una gloria pasajera. Despiadado amor.

Me detendré aquí.

No me interesa infundir lástima. Es lo suficientemente vergonzoso admitir que esta es la tachuela debajo de mi talón. El amor ha hecho todo lo posible para mantenerse lejos de mí, así que lo tomo como venga. Tan rápido como sea el cuchillo, tan grande como sea la herida. Lo dejo ser. Lo dejo ser. Lo dejo ser. La noche avanza y nosotras también. Encontramos nuevas cosas de qué hablar. Seguimos tomando y comiendo y riendo. Les recuerdo a mis amigas que son preciosas. En todo lo que pienso es en amor. Quisiera quedarme en este momento para siempre.

DOCUMENTO SIN TÍTULO

Estamos sentados hombro con hombro sobre tu cama y no tenemos mucho de qué hablar. El humo del cigarro que estás fumando me golpea la cara y pienso que nunca habíamos estado tan lejos el uno del otro como ahora. Tomo un sorbo de mi caja de sangría. Te cuento que estoy teniendo dificultades con una de las historias que estoy escribiendo y no haces ningún comentario al respecto. A cambio, me ofreces poner algo en la televisión y acepto. Es más fácil eso que seguir quebrándome el cerebro tratando de pensar en algunas palabras que puedan construir un puente entre nosotros. No tengo ni la menor idea de qué se trata la película que elegiste. Estoy perdida en mi propia cabeza, volteando mi cuento dificultoso una y otra vez, como una tortilla en un comal, buscando la parte que me está obstruyendo el avance. Es una corta historia sobre una mujer que vive en una antigua casa pintoresca sentada sobre una extensa planicie verde, rodeada de cielo y montañas, lejos de las tribulaciones y exigencias de la ciudad. Ella pasa sus días atendiendo sus cultivos y, un día, regresando a casa después de pasar toda la tarde cosechando zanahorias, ella ve un par de dedos deslizarse a través del encaje de las cortinas para abrir una diminuta mirilla por un par de segundos en las ventanas frontales de la segunda planta, las que pertenecen a su habitación. No he logrado nombrar a la mujer ni a la historia, y borro más palabras de las que agrego cada vez que me siento a escribir. Siempre me atoro en el medio. Sé que, al principio, ella se asusta, pero un coraje inesperado la encuentra después. Con un paso vigoroso se acerca a la casa y su miedo regresa cuando ve la puerta frontal abierta y todas las luces apagadas. Sé que un escalofrío se apodera de ella cuando se adentra en el interior gélido de la casa y eso es lo último que puedo imaginar. Todo es oscuridad después de eso. No sé qué más hace la mujer en la casa ni qué la espera en la segunda planta y ella no quiere decírmelo, y me está sacando de quicio. Hago el mejor esfuerzo para despejar mi cabeza y enfocarme en la pantalla del televisor. Ha pasado suficiente tiempo para que yo no pueda entender qué está sucediendo en la película y digo un cumplido sobre la fotografía para disimular, pero tú estás profundamente dormido cuando te vuelvo a ver. Dejo salir una pequeña carcajada. Apago el televisor y me acomodo para dormir, y una marea de tranquilidad me recorre el cuerpo. No necesito seguir forzando mis ojos para discernir la historia en la oscuridad. El fin está aquí.

«¿ME ESCRIBIRÁS ALGO BONITO?» (II)

No.

No vuelvas a hacer esa pregunta.

ESTA VEZ, YO QUIERO SER LA MUSA

Me sentaré en una silla bajo el arco del jardín y pondré
flores en mi cabello. Miraré en la distancia como
si todas mis preguntas tuvieran respuestas
fáciles de aceptar. Haré lo que pidas, diré lo que
necesites, usaré lo que gustes. Estoy lista para estar
en el extremo receptor de la adoración. He mantenido
algunas de mis heridas abiertas por demasiado tiempo,
extrayendo la sangre que mancha el papel hasta
convertirlo en algo memorable y estoy cansada.
Es trabajo duro empapar el corazón de kerosene
y arrojarlo al fuego para mantenerlo ardiendo. Esta vez,
quiero dejar que alguien más se trague la miseria
e intente escupirla de vuelta siendo perlas de nácar.
Creo que es mi turno de ser la Mona Lisa en la historia
de otra persona. De existir y dejar que eso sea
lo suficientemente espléndido. Quizás si alguien más
me llama hermosa, empezaré a creerlo.

POEMAS DE COCINA

I

pasé la mañana de ayer arrancando hojas podridas
de unas ramas de espinacas y jugué a pretender que
era mi propio cuerpo lo que sostenía entre mis manos
y le estaba quitando de encima todas las cosas crueles
que solías decirme cuando te enojabas, y me enojé
conmigo por dejar que ocuparas tanto espacio y
tiempo en mi cabeza, pero luego noté que no terminé
llorando como antes, y casi doy saltos de felicidad
cuando fui a botar toda la podredumbre, porque
quizás mi vida no es exponencialmente mejor,
pero cada día tu recuerdo me duele menos y esa
es la única victoria que necesito

II

estás haciendo pasta y estás viendo la olla de agua
alcanzar su punto de ebullición y te das cuenta
de que sanar llega de la misma manera. burbuja
tras burbuja tras un largo período de alta temperatura
sostenida: no puedes detener el curso natural
de las cosas. cuando te atoras entre roca y roca,
te despojas de partes de ti para sobrevivir y, un día,
dejas de extrañarlas. un día, vuelves a familiarizarte
con la persona en el espejo. un día, sientes nostalgia
por una pasta pomodoro que un viejo amor solía

preparar y tú llenas una olla con agua. tú incendias
un fósforo para encender un disco de gas de la estufa.
tú agregas aceite, sal y ajo machacado. tú haces la pasta
por tu cuenta.

EL FUTURO ES UN GATO AL QUE YO LLAMARÍA LEROY

Deja de preguntarme dónde estaré en cinco
años, porque el futuro es un fantasma
resentido. A veces despierto en medio
de la noche y lo miro al final de mi cama:
ropas andrajosas, rostro macilento y ojos
irritados que me suplican por ayuda. Siempre
fallo en ser valiente y termino temblando
debajo de la cobija, susurrándome
a mí misma que los fantasmas no pueden
herirme. Pero el futuro no es realmente un
fantasma. Me he estado diciendo que el futuro
es un gato al que yo llamaría Leroy. Un gato negro
con cara de pocos amigos, el tipo de animal
que nos han enseñado a temer, a evitar,
a pasar de lejos, a no perder de vista.
Hago lo que puedo para seguirle la pista,
pero Leroy es un gato de las calles. Pasa el día
caminando y meneando su cola, reclamando el
pedazo de espacio en este mundo que
le pertenece. Hay quienes prefieren cruzar la calle
que pasar a su lado, y quienes no dudan
en hundir sus dedos en su suave pelaje. Quiero ser
más así. Quiero dejar de pensar que alguien
me lo va a robar. Me preocupo todo el maldito día,
pero Leroy siempre encuentra su camino
a casa. Él araña mi puerta por las noches y entra
de inmediato cuando la abro. Leroy zigzaguea

entre mis piernas y a veces tengo la sensación de que
soy yo la que lo mantiene afuera. Me agacho
para acariciarlo. Le sirvo comida y agua
fresca. Lo trato bien. Hago todo con amor, pero
aún hay sonidos que me hacen despertar
de sobresalto por las noches. Busco fantasmas
a mi alrededor y todo lo que veo es la silueta de Leroy,
mirándome desde los estantes altos de mi habitación,
suplicando por una pizca más de
mi atención. Me siento en el borde de mi cama
y el miedo se disipa cuando el suelo enfría
mis pies descalzos, dando espacio a la
convicción de que lo único que debo hacer es
sacarlo del estante y acunarlo entre mis brazos,
hasta que los latidos de nuestros corazones
se conviertan en uno.

HOMBRE DE LA INTERNET (III)

esta vez es más personal / conocí a este Hombre de la Internet / quiero decir / alguien me envió capturas de pantalla de su chat grupal de Solo Chicos / quise aplastar mi teléfono con un martillo / tantos chistes sobre mi cabello loco / mi nariz torcida / mi gran asqueroso tamaño / quiero decir / lo consideré mi amigo y esto es lo que obtengo / lloré un fin de semana entero y siempre me dará vergüenza admitirlo / esta es la historia que no deja de repetirse / quiero decir / aquella en la que soy la última en ser escogida / la primera en ser desechada / el remate de un chiste / una apuesta / un secreto / un molesto obstáculo en el camino a mis amigas bonitas / quiero decir / creo que la mayoría de hombres que he conocido me tratan como un acto de caridad / como si yo tuviese que estar agradecida de que me dirijan siquiera una palabra / parece que les caigo bien / pero me mantienen a distancia / por su propia seguridad / por miedo a que todo sea cierto / todos los rancios estereotipos que cargan sobre mujeres como yo / quero decir / las gordas solas / las gordas feas y tristes que están desesperadas por atención / que no tienen estándares ni experiencia / y se enamoran fácil y de cualquiera / y esa es la peor cosa que podría pasar / quiero decir / aún recuerdo la mueca hostil que Rizos hizo cuando se enteró que debía ser mi pareja en un desfile escolar / y la forma en que los amigos de Tenedor lo molestaban cuando pasaba tiempo a solas conmigo / recuerdo las caras de todos los hombres que pretendieron que yo no existía cuando se acercaban a mi grupo de amigas en un bar / y conozco muy bien mis verdades / sé que no soy la más bonita ni la más agradable / no soy graciosa ni carismática ni delicada / pero no merezco este castigo / quiero decir / esta es la lección que a menudo me da una bofetada en la cara con su mano dura y fría / *amar a un hombre no te asegurará su respeto* / qué patético / quiero decir / solo quería un amigo y esto es todo lo que obtengo /

UNA CITA CON EL CHICO QUE NO PUEDO SUPERAR

1.

El chico viste una impecable camisa blanca. Dice que
hace que su pecho se vea más amplio, como una
invitación abierta. El lugar es una banca en nuestro
parque favorito que aislamos del resto del mundo
con el silencio que crece entre nosotros. Hacemos
lo que podemos para romper el hielo, pero ambos
tenemos muchas cosas por decir y ninguno sabe
dónde comenzar. El chico sonríe y tira del mechón
de cabello que cae en medio de su frente y, cuando
lo deja ir, recuerdo que solía estar enamorada de él.

2.

El chico es rápido. Se mueve por el mundo con pies
de tren bala y a mí me gustan los paisajes de cambio
rápido. Me gustan las cosas que entran y salen
del alcance de mis manos. La primera vez que el chico
caminó frente a mí, perdí mi dirección en el brillo
de sus ojos. Vi estrellas donde no había más que malas
intenciones y el olor cítrico de su cuello me hizo creer
que mis pies estaban hechos para seguirlo. Mantuve
mis ojos pegados a sus huellas en el suelo, soñando que
su paso acelerado nos llevaría lejos, pero cada vez
que me atrevía a mirar a nuestro alrededor, estábamos

de vuelta en el mismo lugar donde nos conocimos,
solo que un poco más cansados.

3.

Cuando el silencio cede, lo miro mientras habla.
Él abre sus piernas y acaricia su mandíbula
con una confianza que siempre envidié, como
si estuviese seguro de que cada persona que pasa
frente a nosotros estaría dispuesta a contar una
historia humillante de sí misma para hacerlo reír.
Tenía fe en que la distancia y el tiempo me iban
a hacer inmune a su efecto, pero me pongo
mi sombrero de bufón y embeleso mis historias a su
gusto. Le cuento sobre los lugares en los que he estado
y las cosas que he hecho desde la última vez
que nos vimos, y soy muy cuidadosa al respecto.
Me aseguro de no decir que pensé en su rostro casi
todos los días, pero por la forma en que sus ojos
se oscurecen y se lame el labio inferior cuando hablo,
sospecho que lo puede escuchar en la cadencia
de mis palabras.

4.

Sé que está hambriento, pero soy un territorio
demasiado familiar. El chico sabe que podría ver
su reflejo en mis aguas y quedaría reducido a lágrimas.
Y este chico no llora. Él pelea. Él trepa árboles y sacude

las ramas hasta que algo ceda. Una fruta, un ave muerta,
la propia rama. Algo para comer o una historia
graciosa, no importa. Sigue siendo tomar, y eso es todo
lo que este chico hace. Él pelea. Él toma. Él quiere
que el mundo entero se doblegue frente a él
y suplique por su gloria, como cualquier otro dios,
lleno de apatía y ambición.

5.

Es la razón por la que se mueve rápido. El chico
necesita conquista tras conquista tras conquista
para no dejarse consumir por un hambre que nunca
se satisface. Él deja la banca y camina hacia los árboles
más cercanos, que examina con cuidado antes de
decidir trepar por el que tiene unos mangos recién
madurados colgando de sus ramas. Aparto mi mirada
de su ritual de recolección brutal y la pongo sobre
el lugar donde estaba sentado, preguntándome
si hay algo que pude haber hecho o dicho para volverlo
más gentil. Menos codicioso. Estoy al borde de las
lágrimas cuando regresa balanceando entre sus brazos
los frutos amarillentos. El chico los limpia con
el dobladillo de su camisa antes de despedazarlos
a mordiscos, y me pierdo en los rastros de jugo dorado
que se deslizan por sus antebrazos, recordándome
lo afortunada que me llegaba a sentir cuando quedaba
atrapada entre sus dientes.

DEJEN DE PREGUNTAR POR EL SIGNIFICADO DE MIS TATUAJES

Quizás soy Cabanel, a sus 24 años, despertando
antes de que rompa el amanecer para aprovechar
tanta luz natural como sea posible. Cabanel abriendo
las cortinas y tachando el día en su calendario mental,
lamentando la juventud que se le escapa. Cabanel
preparándose para seguir trabajando en su gran
primera pintura académica. Cabanel tomando
el calculado riesgo de pintar un Lucifer reposando
sobre una roca en el suelo, cansado y derrotado,
tapando su cara con un brazo para ocultar
la frustración y la vergüenza de su propia revolución
fallida. Después de pasar una década perfeccionando
su técnica bajo la tutela de la Academia, Cabanel
deseoso de mostrarle al mundo que no ha perdido
la pasión y la sensibilidad. Cabanel y su ángel caído.
Óleo, 120,5 por 196,5 centímetros. Cabanel con todos
los ojos encima y Cabanel recibiendo malas noticias.
«Mal ejecutado, demasiado emocional». Abandonado
por la Academia. Cabanel sin entender, escribiéndole
a uno de sus amigos: Esa es mi recompensa por todas
las complicaciones que me tomé para no enviar
una obra de arte promedio. Cabanel despierto
en las altas horas de la noche, mirando inmóvil
esa magnífica criatura de alas enturbiadas. Cabanel
recordando cada pincelada, enganchado en la pequeña
lágrima furiosa, exactamente igual a la que cae
por su propia mejilla. Cabanel inconsolable, incapaz

de imaginar que su técnica lo haría uno
de los grandes, pero que sería su corazón el que
lo volvería histórico.

EL TELESCOPIO ESPACIAL JAMES WEBB NOS DA LAS IMÁGENES MÁS PROFUNDAS DEL UNIVERSO QUE JAMÁS SE HAYAN TOMADO

Mira las imágenes. Mira lo lejos que hemos
llegado. Entiendes muy poco, pero dejas que un suspiro
se atasque en tu garganta. Este mundo no para
de arder y ponerte triste, pero hay días con buenos
titulares de noticias. Mira lo que estamos presenciando hoy.
Un grupo de talentosos seres humanos construye
una gran y costosa máquina flotante que abre la ventana
a la historia de tu propia existencia. Asoma tu cabeza y
siéntelo en el pecho. La urgencia ancestral de aprender
el lenguaje de la luz de las estrellas. Fantasías
sobre lo que sucede del otro lado del azul. Curiosidad
y ambición impregnadas en tu médula ósea. Milenios
de conocimiento acumulado nos han traído
hasta aquí. El siguiente eslabón del Gran Entendimiento
comprimido en la pantalla de tu teléfono, a la merced
de tus pulgares opuestos. Por favor, no lo tomes
con ligereza. Míralo todo. Las formas, los colores, el brillo.
Todas las motas de luz moribunda que han estado
tratando de alcanzarte desde el comienzo del Todo. Tú.
Descendiente del Caos. En medio del nacimiento
y la muerte de estrellas se crearon los ingredientes
que te hicieron posible. Tu vida, pequeña e insignificante
en la gran escala de las cosas, no es nada menos
que un milagro. Está bien si dejas soltar un par de lágrimas.
Hoy es una celebración. Levanta un brazo al cielo
y enséñale tu palma abierta. Dile al Cosmos
lo que ha estado queriendo saber: Estás escuchando.

ESCUCHA

A Jericho Brown

Estoy harta de tu cobardía selectiva,
Cristina Amador Gónzalez, de tu hurañía,
de que te rasques las orejas hasta
sangrar. Estoy harta de verte colapsar sobre
tu cama a pensar en todas las cosas que tienes
que hacer en lugar de hacerlas. Hay pilas
de proyectos sin terminar en cada
rincón de tu mente y, aún así, te convences
a ti misma de creer que no tienes ningún
propósito. Estoy harta de tu habitación
desordenada, de tus emociones desobedientes,
de tu hambre de novedad, de tus hermosas
palabras. Necesito más de ti. Deja de guardar
la ración de comida más pequeña
para ti. Deja de buscar en Google cada buena
oración que escribes para ver si alguien más
la escribió primero. Sé que solo quieres
la historia si te deja una herida cavernosa, pero
eso no te hace más interesante. Todas las personas
que conoces también tienen monstruos atados
a las patas de sus camas. Todas las personas que
te quieren están tratando de decirte
que no mereces estar arruinada. Escucha.

NOTAS SOBRE EL AMOR (II)

Tengo el mal hábito de decirle a la gente que mis poemas de amor son mis escritos más débiles. Trabajo duro en ellos, pero siempre terminan siendo una recopilación de clichés sobre-usados. Una repetición de una repetición de una repetición de las mismas ideas cursis sobre el amor y el estancamiento me mata. Me gustaría que fuera distinto, pero el amor no ha sido amable conmigo. Una y otra vez, me ha prometido alimento y, cada vez que decido acercarme, encuentro sus manos vacías y frías. Me hace desesperar y lo resiento por eso la mayor parte del tiempo. No puedo conjurar buenas palabras para el amor con la bestia hambrienta que vive dentro de mi pecho, la que sale a jugar cuando me siento a escribir. La que pone sus patas sobre los muebles y las paredes y mancha todo de sangre. La que no tiene nada original qué decir, nada extraordinario qué pedir. Solo ser vista y que alguien se compadezca. Solo sentir la calidez de un cuerpo en el otro lado de la cama. Solo extender la mano para tocarlo y no acabar en ruinas.

FINALMENTE SUCEDE

—Todo el año debería ser diciembre —murmuró,
sentado en el almacén el sirio Moisés—.
Se siente uno como si fuera de vidrio.
GABRIEL GARCÍA MÁRQUEZ, *EL CORONEL NO*
TIENE QUIEN LE ESCRIBA

No necesito verlo ni que nadie me lo diga.
Descubro el final de noviembre en mis huesos cuando
pico las frutas del desayuno. Finalmente sucede.
El cielo rompe su pacto con el gris fangoso y las nubes gordas
de lluvia y despierta azul. Compasivo, electrizante,
inmaculado azul. En cada hogar hay alguien debajo
del umbral de la puerta siendo testigo del milagro. El verano
se acerca y quiero plantar semillas de dalias en mis
lagrimales. He estado buscando un pellizco de esperanza
por meses y finalmente sucede. Una de mis vecinas
sale de su casa usando maquillaje denso, un sexy atuendo
de falda corta y tacones rascacielos, y anuncia
que aprovechará el buen clima para hacer un poquito
de ejercicio. Todo el barrio se ríe de ella y ella los deja.
No le podría importar menos. Ella se pone sus gafas de sol
mientras espera a su marido, que la alcanza apresurado,
cargando dos botellas de agua helada y ofreciendo
su mano libre para partir en su aventura improvisada.
El concreto se ablanda bajo sus pasos sincronizados
y los miro alejarse pensando que no sé nada de ellos,
ni siquiera sus nombres. Quiero agradecerles
por el ejemplo. Doy un par de pasos hacia la luz del sol

y finalmente sucede. Mi corazón triplica su tamaño
y está listo para perdonar cualquier transgresión.
Para hablar un nuevo lenguaje. Levanto mis ojos hacia
el cielo y leo el mensaje escrito entre las nuevas nubes,
blancas y esponjosas: El mundo sí me quiere aquí,
después de todo. Pronto llegará la brisa decembrina
a arrancarme el año viejo de la piel. Amor es diciembre
en el trópico y tengo ganas de sacarme un retrato.
De camino al trabajo, veo a mis vecinos de nuevo,
admirando un sofá de terciopelo marrón a través de la ventana
de una mueblería. Me sonrío a mí misma. Finalmente sucede.
Saco mi teléfono y escribo una entrada en mi
repositorio digital de notas:

No resentiré al invierno que hizo de mi cuerpo
una vasija para la tristeza.

Esperaré al sol,
una y otra y otra vez.

COSAS QUE SON CIERTAS

Me gustaría escribir sobre cosas más felices / No más
injusticia / No más padre muerto / No más sangrar por
chicos que no me amaron como yo quería / Ha estado
lloviendo toda la semana y si pongo atención al

repiqueteo de la lluvia sobre el techo, caeré dormida en
cuestión de segundos / Debo ser muy cuidadosa / Si le
pongo demasiada atención al mundo, pensaré en mil
formas distintas de terminar con mi vida / No quiero

morir pronto / Pinté un árbol hoy / No tengo la mejor
técnica, pero los árboles son una de las cosas más fáciles
de pintar / Aún cuando salen mal, siguen luciendo
como algo que podría ser amado por alguien / Me gustan

más mis manos cuando están ocupadas / En mi mesa de
trabajo, no existe futuro monstruoso ni pasado torturante /
Solo existe este momento, frente a mi árbol, con mis -
pensamientos planchados y pulcramente acomodados en

los cajones de mi cerebro / He rezado mucho y Arte es el
único dios que ha contestado / Usar mis manos para dar
vida a algo que antes no existía es la única salvación que
conozco / He convertido mis heridas en tinteros y a veces

me permiten hacer algo bueno / Soy más feliz cuando estoy
rodeada de colores / Valentía no es ausencia de miedo, sino
exceso de esperanza / Hay una versión de mi misma que vive
en mi cabeza y me dice que las cosas no están bien y nunca

lo estarán / Yo le digo que estoy pintando árboles y le prometo que le gustarán / Ella me da tiempo y yo sigo pintando / Sigo haciendo / Sigo intentando / Me mantengo aquí para ser testigo de lo que puedan crear mis manos /

BAJO LAS LUCES TENUES

1. Estás sentada en un rincón de un bar que no conoces, bebiendo algo que no te gusta de una copa que no vale su precio. Eres el comienzo de cada poema triste. Mueves tu cabeza de lado a lado, como un viejo ventilador, escaneando el lugar para ver si el amor decide dar un paso al frente. Huele a cigarrillos y a licor derramado y te permites imaginar una hermosa coincidencia. Otra alma solitaria que encuentra tu mirada desde el otro lado de la habitación. Alguien que camina hacia ti como si fueras la entrada al paraíso. Un toque tímido en el hombro que te hace creer que tienes un propósito. Es un poco gracioso verte así.

2. Deberías apreciar este momento. Aprecia tu cabeza de ventilador y tus ensueños porque son las últimas estelas de esperanza que te quedan en el cuerpo. No creas que no me he dado cuenta. Has estado haciéndole preguntas al reloj y algo dentro de ti se está atrofiando. Perdiendo saturación. Retrocediendo a una silueta de indiferencia.

3. Te he estado observando. Estás cansada de lo patética que tu anhelo te puede hacer ver. Ha pasado mucho tiempo desde la última vez que te imaginaste como el interés amoroso de las películas que miras. Ya no entrelazas tus propios dedos justo antes de caer dormida. Estás evitando las calles que te llevan al parque donde solías caminar valiente y ligera, haciendo contacto visual con todos los extraños mientras buscabas algún lugar en el césped para sentarte sobre una franela barata, un lugar empapado con suficiente luz del Sol

para hacerte lucir como una cosa que podría ser deseada.

4. Te estás convirtiendo en el lado vacío de tu cama. En los espacios descoloridos de tu pared, donde las fotografías solían colgar. En la modesta lista de compras que dejó de planear cenas para dos. Es la peor parte de la soledad, la conciencia de que algo solía estar ahí y lo perdiste. O huyó de ti. Como quiera que sea la historia, termina de la misma forma: tú, arrastrándote por el suelo de tu habitación, buscando una puerta para escapar. Pero las lágrimas te nublan los ojos y te aferras a la primera cosa que te de una señal de su presencia. El reloj. Tic-toc. Tic-toc. Tic-toc.

5. La historia termina contigo, hablando con el reloj. Te he advertido que no hagas eso. Las manecillas del reloj son viles. Te convencerán de que estás corriendo hacia atrás. Convertirán tus sueños en globos y cortarán los hilos que los atan a ti, liberándolos a una tormenta eléctrica. Los verás explotar y el sonido te dejará aturdida. Preguntarás por qué y el silencio te dará una patada en las tripas. Por qué. Por qué yo. Por qué ahora. Por qué hacer el esfuerzo. Por qué el dolor. Por qué seguir intentando. Tantas preguntas que rebotan contra las paredes y vuelven a chocar con tu cuerpo, formando un charco de tristeza alrededor de tus pies que les dará la certeza de que no se volverán a mover.

6. Y no hay esperanza en esa certeza, solo tristeza. Nadie quiere eso. Nadie quiere mover a la masa dormida sobre la franela barata en el césped del parque para ver si está viva. El amor solo puede nacer en lugares fervientes, donde el corazón está hirviendo y a punto de desbordarse. Aún te

recuerdo. Tus dedos inquietos buscando un nombre particular en la barra de notificaciones. Tus ojos bien abiertos buscando un rostro particular a la vuelta de cada esquina. Tus noches sin dormir, hilando nuevas formas particulares de decir te quiero. ¿A dónde te has ido?

7. Quiero decir, me alegro de que esta tarde estés aquí, en un bar que no conoces, bebiendo algo que no te gusta de una copa que no vale su precio. Debe ser aterrador para ti, te daré crédito por eso. Demasiadas veces te he visto entregar tu corazón a manos que desaparecieron en el último segundo, dejando que se derrame por todo el suelo, como si estuvieras tirando el agua rancia de un florero. Puedo entender por qué querrías esconderte del mundo. El amor te ha arruinado más de lo que te ha hecho feliz.

8. Pero esta tarde, estás intentando algo nuevo. Estás ignorando a las manecillas del reloj. Bajo las luces tenues del bar, puedes dejar que tu corazón se derrame por el suelo y nadie lo notará. Si alguien resbala y no se ríe, podemos culpar al licor. Recuerda todos los poemas tristes que has leído: *el amor puede dejarte sangrando hasta morir, pero no sobrevivirás si lo mantienes fuera de tu puerta*. No te preocupes mucho por las bolsas debajo de tus ojos. Bajo estas luces tenues, la tristeza se ve como algo que se puede arreglar si se aplica la presión de un beso en el lugar indicado.

NO SE TRATABA DE UN SUEÑO

A Franz Kafka
A Papá

Después de todo, no me atrevería a decir que la vida es enteramente cruel. No quiero dar la impresión de ser un ingrato. Lo inevitable se auto-anunció antes de llegar, dándome algo de tiempo para calentar la mejilla que recibiría el puñetazo. Era cuestión de poner atención.

Todo comenzó con las moscas, ahora lo entiendo. Un ejército de ellas, a todas horas, merodeando por la casa con sus insufribles zumbidos. Aparecieron de la nada, como si hubiesen viajado por las tuberías desde todos los lugares podridos del mundo, respondiendo al llamado de un propósito superior. Banquetearon en la basura, se posaron sobre la comida, se enredaron en nuestros cabellos y me convirtieron en una bomba de tiempo ambulante.

Esas diminutas bastardas lograron acaparar toda la casa. Eran imperdibles, pequeños elefantes alados de seis patas. Dondequiera que miraba, había un rastro de ellas, y estuve cerca de creer que era una ilusión óptica sellada en mis pupilas. Todo me parecía asqueroso. Rancio, sucio, maloliente. Una porqueriza que contaminaba la piel de mis brazos y cuello, que rasqué hasta sangrar. Usé mis audífonos a todo volumen para no escucharlas zumbar. Grité en mi almohada cuando cuando se colaron en mi habitación y no me dejaban dormir. Estaba viviendo en un estado de histeria constante, hundido hasta mis rodillas en un fango de desesperación.

Lo intentamos todo para deshacernos de ellas. Limpiezas profundas. Empresas fumigadoras y los venenos más sofisticados. Bolsas llenas de agua en cada esquina. Ningún método de aniquilación fue efectivo. O debería decir que tuvieron el efecto contrario, en realidad. Las moscas se percataron de nuestros planes y se volvieron rencorosas. No solo se quedaron, sino que parecían reproducirse a mayor velocidad, multiplicándose cada vez que tocaban una nueva superficie. Podíamos matar a una, pero aparecían tres más a hacernos la vida imposible.

Pasé el mayor tiempo posible encerrado en mi habitación, durmiendo, leyendo o mirando alguna pantalla. Con la universidad de vacaciones, no tenía mucho qué hacer. Solo salía al baño o a buscar comida, o a ayudar con las labores de la casa. Aprendí a moverme rápido y con la mirada baja para preservar algo de mi cordura. *Sal de tu habitación y cierra la puerta, rápido. Vamos, muchacho, muévete rápido. ¿Que saliste a hacer? Recuérdalo, date prisa. Hazlo, hazlo ya, no tardes, rápido.* Aprendí a hacer múltiples tareas simultáneamente, sin dejar espacio para la duda en mis movimientos, y estaba muy orgulloso de eso. Solía pensar que me había adelantado al tiempo, que lo había vencido en su juego de efimeridad al inflar cada minuto con tantas acciones como pudiera. No tenía idea del daño colateral que me estaba causando.

Entre más rápido me movía, menor era el tiempo que pasaba consciente de mis alrededores. La plaga de moscas no fue lo único que terminé ignorando. También me estaba perdiendo de la gran sombra que se asentaba lentamente en la casa, pesada y engullidora. La segunda advertencia. Todo lo que emitía luz se volvía más tenue con el pasar de los días, como una casa de juguete que se estaba quedando sin baterías.

Me percaté demasiado tarde.

Ω

Mis días comenzaban abriendo las ventanas y la puerta frontal de par en par para ventilar la casa. Yo repasaba los pasos que debía seguir antes de salir de mi habitación, como una oración de súplica. Sin atrasos ni falseos. *Afuera. Cierra la puerta de la habitación detrás de ti. Camina rápido, vamos. Abre las ventanas y da un par de sacudidas a las cortinas para ahuyentar a las moscas que gustan de anidarse entre las telas. Abre la puerta frontal y pon el taco que la mantiene abierta. Regresa a tu habitación.* Realizaba todo como un militar altamente entrenado y lo pensaba como un acto de cortesía hacia las moscas. Pensaba el abrir la puerta frontal como una apetitosa invitación a las moscas para dejarnos en paz. Esperaba que usaran sus sentidos magnificados para detectar las infinitas posibilidades que el mundo ofrece y decidieran irse, pero nunca fue de mucha ayuda.

Una mañana, después de abrir las ventanas de la sala de estar, me di la vuelta y todo lo que encontré fue oscuridad. Brumosa. Lúgubre. Del tipo que solo llega cuando algo horrible va a suceder. Mis pies se congelaron. La luz del Sol entraba por las ventanas, pero no lograba diseminar la nube de sombras que se había asentado sobre la casa. Alcancé el pomo de la puerta frontal a mi derecha y la abrí de golpe, y apenas sirvió de algo. La oscuridad retrocedió algunos centímetros, pero no tardó mucho en regresar a donde estaba, como un juguete gelatinoso que aplastas con el dedo y regresa a su forma original después de unos segundos. Intenté no paniquear mientras mis ojos se ajustaban a la nueva realidad. Tenía miedo de moverme. Lo único que se me hacía familiar eran las moscas, esos pequeños puntos negros flotantes atravesando la bruma oscura en todas las direcciones. He vivido en esa casa toda mi vida, pero esa oscuridad la había transformado en un territorio que no conocía. El espacio parecía más pequeño y no podía reconocer la ubicación de los muebles. Solo comencé a avanzar cuando distinguí una vaga silueta con los bordes iluminados, sentada en la mesa del comedor, dándome la espalda.

—¿Papá? —pregunté.

—¿Mmm?

—¿Por qué la casa está tan oscura?

—Mmm.

Él no dijo nada más. Una vez que me acerqué lo suficiente, miré por encima de su hombro y noté el periódico extendido sobre la mesa. Con una gruesa candela de citronela frente a él, Papá estaba concentrado en la página de pasatiempos, en el crucigrama diario. Me senté a su lado para preguntarle sobre la oscuridad de nuevo.

—La de Argentina debate proyecto sobre Educación Ambiental —él comenzó a hablar antes que yo.

Papá carraspeó su garganta después de hablar y tuvo que respirar profundo un par de veces, como si acabara de alzar algo muy pesado. Hacía seis meses, más o menos, que Papá había enfermado y su estado empeoraba con cada semana que pasaba. Ya no quedaba nada de su gran personalidad ni de su voz de trueno, que solían llenar habitaciones enteras. Su estado era tan deplorable, que incluso la Delegación de Policía, donde había trabajado los últimos cuarenta y cinco años, dobló todas sus reglas y accedió a darle una licencia por enfermedad pagada e indefinida. Él se había convertido en una criatura silenciosa que pasaba sus días luchando por respirar y reprimiendo retortijones de dolor.

—No lo sé, Papá —contesté sin ganas.

Él me estaba ofreciendo una distracción y yo no quería morder la carnada. Lo miré fijamente por un rato. Sus lentes colgaban bajos en su nariz y sus ojos contemplaban el techo. Era la pose que adquiría cuando pensaba arduamente en algo, como si estuviera buscando una buena idea en la parte de atrás de su cabeza. La tenue luz de la candela sobre sus facciones lo hacía ver mucho mayor y eso me recordó que el tiempo no se detiene. Me deshice de mi pestilente actitud. El crucigrama era su actividad favorita del día.

—¿Asamblea? ¿Congreso? —acabé por decir.

—No —él regresó su mirada al periódico y contó los espacios vacíos con el bolígrafo —. Ninguna me sirve.

Ninguno de los doctores que habíamos visitado sabía lo que le sucedía a Papá. Él trataba de actuar con calma, como si no fuera la gran cosa, pero a veces lo encontraba aferrándose a los bordes de los muebles, sus nudillos tornándose blancos, tratando de no sucumbir al suelo ante una contracción de dolor. Por las noches, lo escuchaba desde mi habitación plañiendo y dando constantes vueltas en su cama y, una que otra vez, me llamaba para que le preparara un té de manzanilla y se lo llevara. Bendito té de manzanilla. No creo que le haya hecho ningún bien especial, pero su rostro se iluminaba cuando me veía entrar con una taza humeante por la puerta de su habitación. Yo lo encontraba sentado contra el respaldar de su cama, combatiendo escalofríos con su gruesa cobija de tigre y un abrigo de lana. Esa terminó siendo la única posición en la que podía conciliar algo de sueño. Si se acostaba, se sentaba de golpe cada pocos minutos, sobresaltado por la sensación de que se estaba ahogando.

—¿Papá?

—¿Mmm?

—¿Qué pasó con la casa?¿Por qué está oscura?

Papá pasó algunos segundos inmovil. No sé por qué yo le seguía haciendo la misma pregunta. Creo que una parte de mí ya había decidido lo que estaba sucediendo. Mi ansiedad había puesto las peores posibilidades sobre la mesa y no había nada que él podría haber dicho para neutralizarlas. Papá levantó sus mirada del periódico hacia mí y eso fue suficiente confirmación para mí. Sus ojos estaban enrojecidos y ojerosos. Su cara estaba pálida como nunca antes.

—¿Estás bien? —pregunté.

Él no contestó.

—¿Quieres ir al hospital?

Papá puso su mano temblorosa y sudorosa sobre la mía.

—Más tarde, mejor —una pequeña mueca de dolor cruzó su cara por unos segundos y él se concentró en el periódioco de nuevo —. Estoy cerca de terminar esto y me quiero acostar otro rato. Ayer no dormí muy bien.

Él lo dijo como si yo fuera ajeno a su dolor, como si su sufrimiento no se hubiera convertido en un inquilino más de la casa. No podía entender a Papá. Entre más empeoraba su condición, menos atención médica aceptaba. Tuve que redoblar los esfuerzos para no frustrarme aún más. La citronela mantenía a la mayoría de moscas lejos de nosotros, pero me tocaba lanzar manotadas al aire para alejar algunas de vez en cuando. Me tambaleé en la oscuridad hasta la cocina para conseguir un par de candelas más y me quedé ayudándole a Papá con el crucigrama, tratando de agilizar la llegada de su descanso. Cuando ninguno de los dos sabía la respuesta, yo agarraba la hoja para revisar la resolución impresa de cabeza en el margen inferior. Mis nervios se calmaron un poco. Juntos, en medio de la oscuridad, pasamos un rato ameno y supuse que sería como cualquier otro día reciente. Al final del crucigrama, él regresaría a su cama o se movería al sillón para descansar hasta la tarde, cuando finalmente tendría energía para salir conmigo al hospital.

Nos tomó casi veinte minutos terminar el crucigrama. Él

respiró profundo cuando terminó de escribir la última palabra y comenzó el largo proceso de levantarse de la mesa. Se inclinó un poco hacia delante para empujar su silla hacia atrás y quedó exhausto solo con ese esfuerzo. Papá puso una mano en la parte superior de su hinchado abdomen, cerca de su pecho, e hizo una mueca incómoda, como si tuviera acidez. Se hizo unos masajes gentiles y, después de un rato, colocó ambas manos en la mesa para apoyarse y ponerse de pie.

Sus movimientos eran demasiado lentos y cuidadosos comparados con los míos. Era como ver a un alto hombre de piedra volver a moverse después de siglos de rigidez. Era difícil creer que había pasado la mayor parte de su vida siendo policía. Papá emitió un gruñido de esmero al levantarse, algo gutural que salió de lo más profundo de él. Lo miré con detenimiento. Por un momento, pensé que iba a perder el equilibrio de lo mucho que estaba tardando en levantarse y yo me alisté para socorrerlo, pero no fue necesario. Una vez de pie, Papá no pudo erguirse completamente, y así comenzó a moverse dando pequeños pasos.

— Voy a acostarme otro rato —me dijo, poniendo una de sus manos sobre mi hombro cuando pasó junto a mí. No había notado antes que su piel estaba hirviendo.

— Me avisas cuando quieres ir al hospital —le recordé.

— Mmm.

Él se movió por la oscuridad sin ningún problema. Por un momento, incluso sentí que la casa se aclaraba, que él se estaba llevando las sombras con él, pero encarcelé ese pensamiento en algún lugar de mi cerebro. Lo odiaba aún más que la ansiedad que me había provocado la cara enferma y triste de Papá iluminada por las candelas. Regresé a tientas a mi habitación, y tuve que protegerme los ojos con las manos cuando abrí mi puerta.

A diferencia del resto de la casa, la luz seguía funcionando. Lo había olvidado. Corté en seco mi conmoción y me moví rápido para cerrar la puerta detrás de mí antes de que la luz atrajera a las moscas e invadieran mi habitación. Me felicité por una ejecución tan ágil y me lancé de lleno al juego de esperar.

Cogí un libro para entretenerme mientras tanto, una antología larguísima de poesía nacional que llevaba mucho tiempo sin poder terminar. Al poco rato, unos ronquidos motóricos salieron de la habitación de Papá. Hacía mucho que no los escuchaba y me enviaron escalofríos por la espalda. Por meses, lo único que había salido de la habitación de Papá eran quejidos y esos ronquidos, extrañamente insólitos y familiares al mismo tiempo, me tomaron por sorpresa. Era como regresar a nuestra antigua normalidad, cuando él no estaba enfermo. Busqué mi teléfono y le escribí un mensaje a Mamá, que estaba en un viaje de negocios.

creo que algo anda mal

Con qué, hijo?
Qué quieres decir?

Escribí que estaba seguro de que Pápa iba a morir pronto, pero algo me detuvo de presionar «Enviar».

¿Qué clase de persona habla de esa forma sobre sus seres queridos?

No me considero supersticioso, pero no quería manifestarlo de ninguna manera. No quería materializar mis pensamientos mórbidos y arriesgarme a tentar a alguna divinidad de hacerlos realidad. Inventé una mentira. Le escribí que creía que tenía un virus estomacal y que estaba con mucho dolor. Esperé otra respuesta rápida, pero ella no seguía en línea. Puse mi teléfono sobre la mesa de noche y regresé a mi libro, esforzándome tanto para concentrarme, que ni siquiera noté cuando caí dormido.

Ω

Los quejidos de Papá habían regresado cuando desperté, pero eran diferentes de los que había escuchado antes. Más como un llanto reprimido, como un niño pequeño que no quiere que nadie se entere del grave dolor que lo aqueja. En mi habitación sin ventanas era difícil seguirle la pista al día. Revisé el reloj en mi teléfono y habían pasado tres horas desde que habíamos terminado el crucigrama. Decidí que eso era suficiente. Íbamos a ir al hospital aunque él se negara. Me levanté y me mudé para salir y, mientras buscaba mis zapatillas de correr, un grito desgarrador llenó toda la casa.

Me congelé en mi lugar.

Solo había escuchado ese tipo de gritos en las películas de terror. Después de eso, sólo hubo silencio. Mi cuerpo entero temblaba, pero no sabía si era miedo o la repentina caída de temperatura en toda casa. Cuando finalmente convencí a mis pies de moverse, solo pude dar algunos pasos. Un golpe pesado sacudió toda la estructura de la casa. Me tambaleé un poco y apenas tuve tiempo de recuperar mi balance, antes de que se desatara una secuencia de azotes, todos tan desestabilizantes como el primero. Golpe tras golpe tras golpe, precipitados y bulliciosos, eran como un terremoto que no acababa. El bombillo parpadeaba sin cesar. Mis pertenencias estallaban contra el suelo y yo caí al lado de mi cama, cubriéndome la cabeza con la manos. Estaba paralizado, sin la más mínima idea de lo que estaba sucediendo, de lo que debía hacer.

Quería gritar, así que abrí mi boca y llamé a Papá.

Lo llamé con todo el coraje que me quedaba, que no era mucho, y los golpes se detuvieron.

La luz se apagó. El silencio reinó en la casa de nuevo, empujándome a una espiral de ansiedad. Me levanté del suelo y me dirigí de nuevo a la puerta con pasos sigilosos, esquivando los adornos y los libros tirados en el suelo. No sé cuanto tiempo me tomó llegar a la puerta, que estaba a menos de dos metros de mí, pero que se alejaba al mismo ritmo que yo me acercaba. Quizás fueron minutos, o es posible que horas. Fue cuando estuve frente a ella que nuevos sonidos reemplazaron el silencio. Bajos gruñidos y resoplidos. Pezuñas repiqueteando en el mosaico. Seguí los sonidos con el oído mientras se movían por la casa, saliendo de la habitación de Papá y dirigiéndose directo hacia la cocina. Mis dientes no paraban de castañear.

Agarré el pomo con fuerza y el frío del metal me irritó la palma de la mano. No podía obligarme a girarlo ni a dejarlo ir. Me había capturado el misterio de lo que estaba afuera, deambulando y hurgando por la cocina sin cuidado alguno. Con los sonidos, pinté una imagen en mi cabeza del desorden que estaba causando. La madera crujiendo. Los paquetes de comida y las frutas dando golpes sordos contra el suelo. Vidrio volviéndose polvo. La explosión viscosa de los huevos al quebrarse. Sartenes metálicos volando alrededor.

Respiré profundo un par de veces y las nubes heladas que producía mi aliento me enfriaron toda la cara. Puse la otra mano sobre mi boca para suprimir el castañeo de mis dientes y giré el pomo lentamente, hasta abrir una pequeña hendija. No podía ser real que apenas era el inicio de la tarde. La casa estaba aún más oscura que antes, como si hubiese sido arrancada de raíz y expulsada al espacio exterior. Las pequeñas llamas de las candelas de citronela luchaban por sobrevivir en medio de tanta oscuridad, y su luz tenue fue lo que me ayudó a distinguir el contorno de la bestia en la penumbra.

Era un toro gigantesco, negro como el alquitrán, que resoplaba aire frío y movía todas las cosas de un lado a otro con su hocico, atronadoramente, como si buscara algún objeto en particular. Sobre su cabeza portaba unos cuernos blancos que formaban una U perfecta y mi quijada cayó al suelo. Era una criatura mágnifica, de cuerpo fornido y pelaje sedoso, el espécimen más perfecto. Solo me di cuenta de que la mitad de mi cuerpo ya estaba afuera de mi habitación cuando la puerta rechinó y el toro puso su atención en mí. Sus ojos negros resplandecían como obsidiana y me sentí demasiado expuesto bajo su mirada. Habría podido jurar que el toro sabía todos mis secretos y estaba a punto de contármelos de vuelta. Caminé despacio hacia atrás, de regreso a la habitación, y el animal comenzó a bajar la cabeza. Comenzó a escarbar con sus patas delanteras. Había visto esas señales un millón de veces en las corridas de toros que se transmiten en la televisión al final del año. Sabía lo que estaba por venir.

Apenas el toro se lanzó contra mí, tiré la puerta y reculé rápidamente, sin fijarme por donde pisaba ni para donde iba. Tropecé con una alcancía metálica que había caído desde el estante más alto de mi biblioteca y caí sobre mi cama, estrellando mi cabeza contra la pared de concreto con toda la fuerza del latigazo. El golpe mandó una corriente eléctrica a través de todo mi cuerpo y sentí el lento desliz de una gota por mi nuca. Cerré los ojos y aguanté la respiración, esperando que el toro destrozara la puerta y me atravesara alguna parte del cuerpo de un cornazo, pero lo último que percibí antes de perder la conciencia fue un rasguño gentil en mi puerta y el olor de mi propia sangre.

Ω

Desperté con una presión palpitante en la parte de atrás de mi cabeza y la sábana pegada a la sangre seca. La luz de mi habitación había regresado y apenas me dejaba abrir los ojos. El esfuerzo que tuve que hacer para ponerme de pie y despegar la tela de mi herida dolió como el infierno. Tenía lágrimas corriendo por mis mejillas para cuando terminé. Una vez que estuve de pie, en medio de mi habitación, cerré los ojos y repasé lo que recordaba de la noche anterior. La oscuridad. El gran toro negro caminando por la casa. Cuando estuvo cerca de embestirme. El desastre que hizo en la cocina. Los temblores que sacudían la casa. Los quejidos de Papá. Papá.

No había ningún sonido cerca.

Ni resoplidos ni pasos de pezuñas, ninguna bestia haciendo pedazos la casa. No sabía nada de cómo ni cuándo duermen los toros, pero asumí que eso debía estar haciendo, y lo tomé como mi oportunidad para ir a buscar a Papá a su habitación. Todavía estaba mareado y los primeros pasos que dí fueron realmente difíciles con el desorden de todas mis cosas caídas. Cada vez que levantaba un pie, sentía que la gravedad estaba a punto de abandonarme e iba a salir flotando. Me tomó el triple de tiempo llegar a la puerta de lo que me había tomado cuando me enfrenté al toro.

Ya no hacía frío y el pomo ya no me irritaba la mano. Abrí una cautelosa rendija, como antes. No vi al toro y no había más oscuridad en la casa. El embrujo se había levantado. Era la mañana del día siguiente. Podía decirlo por el color de la luz, azulada y fresca. Mi corazón palpitaba increíblemente rápido y la claridad me avivaba el dolor de cabeza, pero también me inyectaba coraje. Me asomé con cuidado, empujando lentamente mi cuerpo hacia afuera, listo para retroceder en caso de que el toro apareciera de la nada. Pero eso no pasó. La puerta frontal no estaba y la bestia tampoco.

Estuve de pie en medio de la casa un rato, mirándolo todo. Las moscas también habían desaparecido y podía estar quieto, sin apresurarme. Vi la casa de nuevo, mi casa, la vi por todo lo que era. Tan agradable, a pesar del deterioro escondido debajo de toda la oscuridad. Los muebles demasiado anticuados, el polvo y las cosas inútiles acumuladas por todas partes, las viejas paredes sin pintar. El desastre que había ocasionado el toro. Me di la vuelta y vi los rasguños que el toro había dejado en mi puerta, a la altura de donde habrían estado sus cuernos. Me acerqué para trazarlos con mis dedos, de abajo hacia arriba, como si estuviera atrapando una lágrima. Eran delicados y precisos, de la misma longitud y dirección. La versión del toro de un respetuoso golpe a la puerta.

El silencio era demasiado aplastante, llenando cada grieta que la oscuridad había dejado atrás. La tranquilidad ayudaba a que cediera mi dolor de cabeza y me dirigí a la habitación de Papá. Caminando despacio por el largo pasillo hasta su habitación, intenté darle sentido a todo lo que había sucedido. Recordé sus pasos lentos y pesados haciendo el mismo recorrido sin luz y con demasiada facilidad, como si la oscuridad fuera su lugar favorito. Recordé muchas cosas de la historia de Papá.

Papá. Siempre enojado, Papá. El mundo nunca fue su amigo. Abandonado por su madre. Acogido por una familia abrumadoramente pobre. Tomando y fumando mucho antes de que su voz madurara. Cuarenta y cinco años de ser policía. Un montón de exceso y decadencia. Las calles fueron sus maestras, empujándolo a moverse como una bola de demolición. Nada puede herirte si lo tumbas al suelo primero. Él solía decir que Mamá había sido la única que logró domarlo, pero eso sólo era parcialmente verdad. Creo que él amó de la misma manera que hizo todo lo demás. Apasionadamente furioso. Áspero en los bordes. Hasta la ruina.

Papá me ponía nervioso. En mi cabeza, él era una mítica criatura, una fuente de poder aterrador que no dejaba de atraerme con su brillo. Como esas lámparas mata-moscas que instalamos durante un tiempo. Quería estar cerca de él, pero tenía miedo de que me calcinara en el intento. Él era agridulce, solo como un padre sabe serlo, y yo le seguí el juego. Aprendí las reglas y las señales. Aprendí a suavizar su ceño fruncido, a esconderme a plena vista. Mamá me dijo una vez que él se abría paso por la vida a patadas y codazos para hacernos espacio a los tres y le creí. Me paré detrás de él, le ofrecí agua y un asiento cuando estaba cansado. Él me limpió las heridas cuando sus escombros caían sobre mí. El amor que nos teníamos era difícil, pero ninguno de los dos quería soltarlo.

Fue mortificante ver la llegada de ese mal que lo hizo hervir desde adentro, que lo redujo a caparazón de sí mismo. Ni Mamá ni yo podíamos entender por qué Papá no quería hacer nada para mejorar. Por qué no se molestaba cuando los doctores no le daban un diagnóstico certero. Por qué se sometió a su dolor, si Papá caminó toda su vida con los puños por delante. Solo podría suponer que hay un límite a lo que un cuerpo puede resistir. En algún momento, debes rendirte a tu propia historia y esa es la parte más triste. El abrazo de la oscuridad. Los cuerpos son terribles enigmas. Bolsas mágicas que conjuran lo necesario para mantenerte en marcha, hasta que se les acaban los trucos. Hasta que pides su ayuda y solo queda el último esfuerzo, el que te deja saber que tu cuerpo ha llevado la cuenta de todo y es hora de pagar el precio.

La habitación de Papá estaba vacía y un poco fría todavía. Intenté encender la luz, pero no estaba funcionando. Su cama estaba deshecha y había algunas tazas sucias en su mesa de noche. Respiré profundo. Había un sutil olor a pelaje de animal mojado que me dio algo de asco y regresé a mi habitación. Busqué mi teléfono y me estremecí un poco ante el brillo de la pantalla. Con los ojos entrecerrados, vi que Mamá había contestado, después de todo. Preguntaba si estaba bien. Que cómo estaba Papá. Que ninguno de los dos contestábamos los mensajes. Recordé que estuve cerca de decirle que Papá iba a morir pronto y dejé escapar una honesta carcajada. Regresé a la sala con una mano frente a mi cara para filtrar la luz y me acerqué a la puerta frontal, que yacía partida en pedazos en el corredor. Entre mis dedos, busqué la silueta del toro en el perfil de las montañas.

LA URGENCIA FEMENINA

A Agnès Varda

la urgencia femenina de llamar al último
chico que te interesó,
>> ojos marrones, pestañas largas y muchos lunares
>> en su cuello. lo describí en una vieja bitácora como
> el fin del mundo: nada realmente llega a él ni sale de él,

el que moldeó sus palabras en la forma
de un afilado anzuelo que insertaste
en medio de tu mejilla izquierda,
>> yo perdí el sueño hundiendome en cada uno
>> de sus mensajes de texto. intenté armar con ellos
>> una caja del tamaño de mi corazón, pero siempre
>> se deshacía antes de que yo pudiera terminar,

y pedirle que te repita lo último
que te dijo,

>> lo vi por última vez en una fiesta a la que no me dijo
>> que iba a asistir. me ignoró durante toda la noche
>> y recibí un largo mensaje de disculpa al día siguiente,
>> en el que repetía una y otra vez que yo le gustaba
>> mucho, pero no era lo suficientemente bonita
>>> para ser vista con él,

porque ahora sabes lo que debes
hacer:

nunca le respondí de vuelta. me gustaría decir que estaba siendo una persona emocionalmente inteligente que se aleja del maltrato, pero solo estaba muy ocupada tratando de no ahogarme en un lago de mis propias lágrimas. la verdad es que me alegro de no haber contestado. en ese momento, quería disculparme y ni siquiera sabía por qué. una última demostración de feminidad, tal vez. una manera de demostrarle que aceptaba la falla y no me ofendía cuando él la señalaba. el problema es que sí me dolió. mi cuerpo se tornó cansado y apático y, al final, eso fue una especie de salvación. necesitaba que ese cuchillo de carnicero me atravesara el cráneo para ser mucho menos severa conmigo misma. el camino hacia la validación masculina está pavimentado con mujeres muertas y no quiero más sangre en mis zapatos. no estoy diciendo que ya estoy completamente limpia, pero la gente debería cuidar la forma en que me habla. me encantaría volver a toparme con él. mostrarle cómo sus palabras me cambiaron. cuánta paz he encontrado desde que dejé de preocuparme por lo que piensa un hombre cuando me mira. agnès lo dijo con mucha más claridad: *Está bien, me están mirando. Pero yo los estoy mirando a ellos.* ser alegre tampoco me sirvió de nada,

quieres volver a verlo y que te pregunte cómo has estado. quieres contestarle que eso no es asunto suyo. adiós.

POST-APOCALÍPTICO

A Ada Limón
A Gabriel García Márquez

I

Digamos que la peor parte ya se acabó y aún me estoy ahogando. Digamos que el mundo no sabe en qué dirección girar. Digamos que el tiempo no es más que una palabra que se queda enredada en la punta de mi lengua. Digamos que empecé este desvarío con una media mentira: la peor parte sigue aquí, escondiendo pequeñas rocas en los bolsillos de mi ropa. Paso mis ratos libres en casa, cubriendo las ventanas y apagando todos los dispositivos que podrían traerme noticias del exterior. Espero que el mundo algún día me perdone por darle la espalda, pero este es el único plan de contención que ha sido algo efectivo. Estoy manteniendo oculta a la parte de mí que piensa la vida como un surtido mediocre de finales. No hay gran utilidad en mis ojos tristes que ven a La Muerte en todas partes, temblando en su vestido azul de seda, frotando sus antebrazos con sus huesudas manos. Es mucho peor que todas las historias que me han contado. Incluso en los días ligeros, no puedo escapar de su cara, contorsionada en una mueca de agudo sufrimiento, como si quisiera llorar, gritar y reír al mismo tiempo. Me he comportado lo mejor posible. Le he pedido con amabilidad que desaparezca. Le ofrecí mi suave cuerpo como ofrenda y ella lo tomó como una promesa. Como si me amara demasiado para dejarme. Como si ambas estuviéramos demasiado tristes para estar solas y odio esta unión, dispareja y constante. La peor parte es su silencio

1115

infranqueable. Ni mis preguntas ni los pensamientos aleatorios que digo en voz alta la mueven a hablarme y no planeo aceptar la falta de reciprocidad. O al menos eso es lo que me digo para recuperar un poco de mi sentido de control. La verdad es que estoy aterrada. La vi esta tarde, de camino al trabajo, aferrada con fuerza a la cintura de un hombre que conducía una motocicleta con los ojos cerrados en una ajetreada autopista. Un cubrebocas trapajoso se agitaba en la muñeca del hombre y ella me sostuvo la mirada mientras secaba sus lágrimas en el hombro del motociclista. Yo me rendí primero. Cerré los ojos con fuerza y dejé caer un par de lágrimas por mis propias mejillas. No quiero seguir siendo testigo de la aflicción que deforma su rostro. No quiero seguir preguntándome por cuánto tiempo más podremos soportar ser humanos.

II

No te he contado que he estado soñando con el fin. Cada noche de la semana pasada me hundí en una tragedia apocalíptica distinta. Eventos unánimes de grandiosas proporciones. Aplastantes, rápidos, inmanejables. El Sol explotando. Tsunamis, terremotos que parten el planeta a la mitad, una banda de meteoritos perdidos que no logramos esquivar. Misiles nucleares e invasiones extraterrestres. Todos las mañanas desperté sudando de la intensidad de mis pesadillas, tambaleándome hacia las ventanas para asegurarme de que el cielo seguía intacto y azul allí afuera. Busqué en Google el significado de los sueños apocalípticos, como si no supiera ya lo que me estaba sucediendo. Agitación emocional. Premoniciones de cierres y cambios. Pérdida de control. Consciencia excesiva de los acontecimientos actuales del mundo. En mis sueños apocalípticos, sigo siendo escritora y eso es lo que más me duele. Justo antes de que todo se desmorone, atiendo una llamada y una voz que desconozco me pide que escriba el epitafio del mundo. Yo me apresuro a anotar algunas palabras en el papel, pero nada me gusta, y frustración es lo último que siento cuando la oscuridad del fin se abre sobre mí. Creo que ha sido así desde que mi adultez comenzó. Me recluyo en casa para evitar desgracias, escribo todas mis contraseñas en una hoja de papel que mantengo pegada a la pared de mi habitación y siempre estoy molesta de no poder terminar mis historias más rápido. Me preocupo demasiado por las cosas que no he hecho y me lamento otro poco por las que nunca llegaré a lograr. ¿Acaso no es triste? La vida es lo que sucede mientras que yo estoy de pie en medio de la cocina, con un reloj de pulsera pegado a mi oreja, escuchando los segundos pasar. Soy una hábil sobreviviente, pero tengo hambre de algo distinto. Ya no me tienta la soledad de una casa al final del tiempo, invadida por maleza, termitas y fantasmas. Quiero dominar la resignación: rechazar las expectativas y enfrentar lo siniestro, abrir mis ojos en la oscuridad y hundir mis dientes en el presente, ser lo que soy y agradecer por eso. Quiero estar bien si las palabras del epitafio no me encuentran a tiempo. No importará, será suficiente.

ALGO QUE LEER PARA LOS DÍAS DE BATALLA

Esto es para ti. Para los días en que deseas cubrir
tus espejos con mantas. Sé que estás intentando ser
más amable contigo, pero algunos días confundes
tu cuerpo con un campo de batalla. Un lugar desolado,
lleno de tragedias y errores. Lo entiendo. La parte
más difícil de una guerra es volver a casa. Hay días
en los que tus manos no son suficientes para disipar
el humo que te hace ver enemigos en todas partes,
aún cuando todas las luces están encendidas.
No te culpo. La compasión es escurridiza. Cuando más
la necesitas, se escapa entre tus dedos y se esconde detrás
de tu espalda. Tú giras y giras y giras para buscarla y ella
esquiva cada uno de tus movimientos. Es un baile
desesperado que termina contigo cayendo de rodillas
con tus manos abiertas y vacías. Lo he visto.
La compasión espera a que seas una pila de escombros
para salir de su escondite y trepar de nuevo por
tus manos. Lo he vivido. Puedes sostener la bandera
blanca en tus manos, pero toma un tiempo
desempolvar el recuerdo de cómo ondearla. Este es el
canto de victoria. Enterrada en algún lugar está la parte
de ti que quiere gritar retirada. Existe, existe, existe.
Esto es lo que sé sobre ti. Tu cuerpo es un campo
de batalla, pero no quieres morir en él. No voy a dejar
que mueras en él. Lo que necesitas es un plan.
Lo que necesitas es un poco de tiempo libre para salir
a saludar al Sol de la mañana. Cuando no puedas
recordar cómo ser amable contigo, deja que

la Naturaleza lo haga por ti. Deja que el Sol haga agujeros en los rincones oscuros de tu mente que parecen inescapables. La calidez hará que tu cuerpo se sienta amado, y un cuerpo que se siente amado creerá que es invencible. Levanta tu mirada al cielo, a ese gigantesco canvas preparado para darle la bienvenida a lo que haya planeado el día. Helicópteros, lloviznas, golondrinas y un montón de colores, hasta los más tristes. Una clase magistral en permitir que las cosas pasen sin demandas ni reproches. Respira profundo. Descansa tus pies descalzos sobre el césped y hunde tus talones en la tierra. Huele las flores. Busca un trébol y cómelo, hoja por hoja. Siente su amargura en el interior de tus mejillas y deja que traiga tu cabeza de regreso a tus hombros. Siente la cicatriz en tu barbilla. Dobla el dedo que te quebraste y sanó torcido. Pon una de tus manos sobre el parche de piel en tu rodilla que se volvió áspero después de tantas caídas en la infancia. Encuentra las partes donde el dolor dejó su marca y despiértalas con un toque gentil. Ten una conversación con ellas. Deja que te recuerden que la recuperación está más cerca de instinto que de elección. Tu cuerpo es la única certeza, la parte de ti que es innegable, atada al mundo, siempre creciendo cambiando sangrando sanando doliendo muriendo y no pide amor. Sería una solicitud demasiado ambiciosa para los días en que despierta desorientado y se convierte en un territorio minado del que no puedes escapar. Tu cuerpo solo pide que pienses en el cielo. En la amargura de los tréboles y los besos del Sol. En el tiempo pasando y la obstinada posibilidad de que mañana sea distinto. Date espacio para existir sin límites ni expectativas. Sé más suave contigo y no le temas a los días malos cuando lleguen. Pisa las minas. Lo entenderé. Siente todo. Déjate sangrar y llorar y patalear. No te culparé. Esto también pasará. Lo he visto. Harás un plan. Prepararás la bandera blanca. Recordarás cómo atender tus heridas. Iremos a casa. Confío en ti.

No has conocido un mal día que no hayas sobrevivido. Esto es para tí, en tus días de batalla.

AUTOBIOGRAFÍA ANTICIPADA

Nunca me han dicho que soy hermosa. No de la forma que parece importar, al menos. En raras ocasiones, Papá me ha dicho que me veo bien y a mis tías les gusta cuando me corto el cabello, pero nadie me ha mirado como si yo fuese la razón por la que la Primavera regresa todos los años. ¿Acaso no es gracioso que la ausencia de belleza sea más ruidosa que su presencia? Yo solía mirarme en el espejo y reemplazar mentalmente mi cuerpo por un animal distinto, más dócil y delicado. Algo más fácil de amar. Pellizqué y estiré mi piel como si hubiese una mejor realidad escondida debajo de ella, esperando ser liberada. Lo único que conseguí fue mi cuerpo cubierto de moretones y un sarpullido de impaciencia entre mis dedos. Mis pobres manos temblorosas. Las puse a cortar pegar pintar moldear escribir hasta que la necesidad de destrucción se transformó en un apetito por la creación. Quizás el universo es un lugar bien equilibrado. Cuando no puedes ser la musa, te conviertes en artista. Cuando no te gusta lo que refleja el espejo, puedes dibujar una colección de rosas sobre él. Me rodeé de cosas hermosas y confié en que me harían menos invisible, pero la belleza siempre quiere más de sí misma. Me hizo desesperar. Perseguí criaturas hermosas que nunca me prestaron mucha atención y lo intenté todo para hacerlas reír. Nunca nada fue suficiente. La belleza es codiciosa. La belleza es cruel. La belleza me ofreció venenos que olían a amor, y los bebí. Fue miserable. Una mañana desperté pensando que ser artista es solo una forma más aceptable de estar desesperada por amor y no me gustó esa idea. Mis manos comenzaron a temblar de nuevo. Tuve que retroceder. Tenía que encontrar el lugar donde dejé la parte de mí que no se congelaba en seco, esperando aprobación. Me encerré en mi habitación y hurgué mis heridas hasta que el dolor me puso de vuelta en el camino hacia mí misma. *Estoy aquí. Sobreviví y puedo hacer muchas cosas con la sangre que cubre mis manos.* Vi a la belleza desprenderse de las yemas de mis dedos y abrir portales a nuevos mundos que no compartí con nadie. Un pequeño trozo de zafiro creció en el medio de mi pecho y me susurró secretos en las noches en las que no pude dormir. *Significas algo. Tu hambre de creación podría rivalizar con un dios. Tienes tanto para dar y ninguna obligación de impresionar a nadie.* Desearía que no me hubiese tomado tanto tiempo aprender la lección, pero escúchame ahora. Está bien si abandonas la carrera y te detienes a mirar las plantas que crecen al lado de la pista. Hay muchas otras flores, además de las rosas. Hay nuevos sueños que mantendrán tu corazón latiendo. Estoy contando los días hasta que pueda comprar una casa de techos altos en algún lugar del mundo que sea difícil de encontrar en el mapa. Pintaré cada pared de un color diferente y tendré un columpio colgando en un roble en mi patio. Habrá pilas de libros en todas partes. Dejaré que el tiempo me suceda y aprenderé a amar al mundo de una vez por todas. Tomaré todo lo que tenga para ofrecerme. Escucharé las historias que el viento me traiga y correré a buscar mi bolígrafo para inmortalizarlas en una libreta. Me alimentaré de miel y limón. Memorizaré tantos olores como pueda. Pasaré mis días nombrando cada nube que pase frente a mi ventana. Me bañaré en la luz de la Luna y miraré al cielo nocturno desangrarse en un nuevo día. Pondré el canto de los pájaros mañaneros dentro de mí y creceré mucho. Creceré hasta que no pueda cruzar puertas. No contendré más mi cuerpo. Seré gigante. Tendré que sacar todas las cosas de la casa para caber en ella y usaré el techo como sombrero. No podré hacer otra cosa más que sentarme a ver al mundo envejecer conmigo.

Mi cabello se pondrá gris, las líneas de mi cara se harán más profundas y me pondré en los zapatos de Dios. Me convertiré en fabricante de abejas. Pellizcaré el suelo, como alguna vez lo hice con mi piel, y rodearé las pizcas de tierra entre mis dedos hasta alcanzar la forma perfecta, un frijol alargado y puntiagudo con seis pequeñas patas. Pintaré sus rayas amarillas y negras con asombrosa precisión y les daré antenas y alas hechas de cable de cobre y gasa. Las sostendré en la palma de mi mano y soplaré suavemente hasta que sus alas alcen el vuelo directo a su propósito, mantener al mundo con vida. Todo esto es verdad. No sé qué significa ser artista, pero me alegro de no haber sido musa. Mi cuerpo es el libro que contiene mi historia, y no necesita ser considerado como hermoso para ser valioso. Esta es mi autobiografía anticipada.

Mis manos harán cosas buenas y el mundo me extrañará cuando me vaya.

Febrero 16, 2024
Desamparados, San José, Costa Rica

ÍNDICE